教坛心语

35年教育教学印记

陶兰月◎著

郑州大学出版社

·郑州·

图书在版编目(CIP)数据

教坛心语:35年教育教学印记／陶兰月著.—郑州:
郑州大学出版社,2020.10
ISBN 978-7-5645-7116-0

Ⅰ.①教…　Ⅱ.①陶…　Ⅲ.①小学语文课-教学研究
Ⅳ.①G623.202

中国版本图书馆 CIP 数据核字(2020)第 128820 号

郑州大学出版社出版发行

郑州市大学路40号　　　　　　　　　邮政编码:450052
出版人:孙保营　　　　　　　　　　　发行部电话:0371-66966070
全国新华书店经销
河南龙华印务有限公司印制
开本:710 mm×1 010 mm　1/16
印张:12.5
字数:247 千字
版次:2020 年 10 月第 1 版　　　　　　印次:2020 年 10 月第 1 次印刷

书号:ISBN 978-7-5645-7116-0　　　　定价:46.00 元

序

教·研·管·训同生辉

2020年春,由于新冠病毒的肆虐,居家防疫,很少出门,生活过得有点单调、沉闷、懈怠。这时,一本透着浓浓墨香的书稿呈现在我的面前。这就是倾注了陶兰月校长35年教育教学心血的专著——《教坛心语——35年教育教学印记》。

我和陶校长的交往并不多,更多的是听说她是许昌市魏都区小学语文界的一位佼佼者,后来成为一名优秀的小学校长。前几天,她托人把自己的书稿送来,说让我指导并写个序,其实就我而言,应该称之为先睹为快。受人重托,诚惶诚恐,不敢怠慢,展卷细阅。看完全书,掩卷静坐,一位热爱教育、严谨治学、笔耕不辍、成果丰硕的杏坛才女浮现眼前。由此,我对陶校长的认识更具体了,钦佩之情油然而生。

纵观陶校长35年的教坛生涯,她始终牢记走上教师岗位之初父亲的叮嘱:"当教师是个良心活儿,你要好好干!"多么朴实而又中肯的话语。作为一名教师,"良心"实则就是对党的教育事业的忠心,对学生的爱心,对教育工作的专心和尽心。这是最根本的,也是最重要的。据此,才能在教育战线建功立业。正如陶校长在《后记》中所写:"父亲当年的话已经在我脑海里深深扎下了根,注定了我一辈子与教育的缘分,成了我工作的一个习惯和信条。"由此不难看出,陶校长能够取得如此骄人的成绩,则是自然而然的。

陶校长的工作阅历很丰富,既当过一线教师,也担任过校长,如今又从事教师培训。她干一行,爱一行,专一行,勇于探索,并勤于总结,本书中的四大部分内容,就是她辛勤耕耘的结晶。

书中的《课堂实践与方法》篇和《教学研究与感悟》篇是紧密相连、相辅相成的。作为一线教师,"教"是根本、是基础,"研"是发展、是升华,二者缺一不可。陶校长在"教"和"研"的有机结合上做得比较好。从"阅读教学"的七个课例中不难看出她娴熟的课堂教学艺术。在教的基础上,她还深入思考和探究如何在阅读教学中通过语言文字学习和渗透品性的教化,使学生打下扎实的知识基础,掌握正确的学习方法,从而全面提高学生的语文素养。在"习作教学"中,她实验总结出"分阶段、抓环节、快速练"的教学方法,激发了学生的习作兴趣,提高了学生的习作能力。

在校长和教师培训的岗位上,她也干得有声有色。学校管理是不同于教学的又一门学问,在这期间,陶校长摸索出一种独特的工作模式——撰写"卷首语",令人耳目一新。她每到一所学校担任校长,都要创办校刊或校报,用于指导全校的工作。她把自己的办学思想、办学理念,学校的工作任务、工作要求等,通过写卷首语的方式传递给全校师生,成效显著。在教师培训工作中,她采用更多的则是现身说法。在省、市、区的教师培训班上,她都结合自己的教学、研究、管理实践同老师们交流,深受参训老师的欢迎和好评。

我想,这本书呈现给大家的不单单是经验和成果,更重要的是一种确定目标、锲而不舍的精神。"宝剑锋从磨砺出,梅花香自苦寒来",我之所以把这本书推荐给大家,就是希望立志在教育工作中有所作为的老师们,尤其是青年教师,要像陶校长那样不惧磨砺,不畏苦寒,勇往直前,相信成功的喜悦就在前面。

白中兴

写于 2020 年 4 月 3 日

(白中兴,许昌实验小学原校长,中学高级教师,特级教师,全国先进工作者,全国教育系统劳动模范,曾任河南省教育学会小学实验研究专业委员会常务副会长,省教科所专家组成员,省中学高级教师、特级教师评审委员等。)

目 录 ❧

课堂实践与方法

教学研究与感悟

学校管理与提升

附　录

课堂实践与方法

阅读教学

　　新课标明确指出:"阅读是运用语言文字获取信息、认识世界、发展思维、获得审美体验的重要途径。阅读教学是学生、教师、教科书编者、文本之间对话的过程。"怎样上好阅读课,怎样结合区县教研主题,不断在阅读教学中引领课堂改革的方向;怎样通过阅读教学的目标设计、教学思路、环节流程、教学方法和板书设计,全方位、多角度体现教师"教"的艺术和学生"学"的规律,在培养学生听、说、读、写能力的同时,达到语文教学人文性与工具性的统一,更好地落实统编教材人文主题与语文要素的双主线,这是一位优秀语文教师不懈的追求。

　　阅读课的文体,在小学教材中涉及的类型比较多。写人、记事、写景、状物和古诗文等,不同文体的特点不一样,教材的处理方法也不相同。作为教师,只要善于学习,勇于尝试,不断总结和反思,都能寻找到优良、高效的课堂教学方法,还可以分类概括、总结出不同文体的教法和学法,最终形成自己的教学风格。

　　作为教师,重要的是教给学生学习的方法,学会如何学习才是目的,所谓"授人以鱼,不如授人以渔"就是这个道理。教师在阅读教学中,要做到轻负担、高质量,与学生共同经历和享受美好的课堂生活。

紧扣目标　落实"三读"

——以《游园不值》为例

　　课堂教学无论进行到哪个环节,教师心中都要有清晰的目标要求和定位,要始终围绕教学目标有效进行各种活动。《游园不值》是一首古诗,我给学生预设了三个学习目标:①学习生字新词。理解"怜""屐""扣""扉"等字在诗句中的意思;②了解诗的意思,体会诗的意境和诗人的思想感情;③有感情地朗读并背诵这首诗。在教学过程中,通过师生之间和生生之间的互动、交流,引领学生顺利完成学习目标。

一、明确目标,巧设问题

　　在工作、生活中,目标往往是用来瞄准方向的,阅读教学也是如此。为了更好地达成这节课的教学目标,课的开始,我就让学生清晰明确地知道本节课要达到的"学习目标",以便更好地引导学生进行有效的文本阅读。

　　师:春天是万紫千红、五彩缤纷的季节,也是百花绽放、春意盎然的季节,自古以来,赞美春天的诗人不计其数。今天,我们就学习一首赞美春天的诗(板书课题)。学习过程中,请同学们注意我们学习诗的方法。首先,请看这节课的"学习目标"(出示)。

　　师:先听老师读一遍。谁来说说你明白了什么。

　　生:我明白了要学习这首诗,共有三个学习目标。

　　师:能不能具体说一说?

　　生说(学习目标)。

　　师:请同学们默看一遍,并把它们记到心里。

学习目标:

　　1.学习生字新词。理解"怜""屐""扣""扉"等字在诗句中的意思。

　　2.了解诗的意思,体会诗的意境和诗人的思想感情。

　　3.有感情地朗读并背诵这首诗。

　　为了更好地激发学生兴趣,调动学习的积极性,点燃学生思想的火花,教师在阅读教学过程中要结合教学实际,巧妙进行问题设置,使学生更好地融入教学中。

　　师:昨天老师要求同学们进行了预习,让同学们查阅了资料,下面看看哪位同学预习得好,都收集了有关题目中的哪些资料。

　　生1:我知道了《游园不值》这首诗是南宋诗人叶绍翁的佳作,叶绍翁是浙江龙泉人,他最擅长七言绝句。

　　师:他收集了作者的有关内容,很会学习。

　　生2:题目中的"园"指的是花园。这里指私人花园,宋朝的时候,许多官员和有钱的人都有自家的园林,栽种花草树木,供私人享用。

　　师:他了解到宋朝的有钱人,会在自己的家中建花园或者园林。

　　生3:"值"是遇到的意思。"不值"就是没有遇到(主人)。

　　师:"游园不值"谁连起来说说自己的理解?

　　生1:游花园时,没有看到主人。

　　生2:作者去游园,主人不在,没有能进到园里去。

　　师:是呀! 作者去游园,因为主人不在家,没有能进到园里去,怎样能表达出他对春天的喜爱之情呢?请同学们在读准这首诗的字音后,一步一步找到答案。

　　师:请同学们看这里,谁能读准这几个字的拼音?(出示卡片)

屐(jī)	应(yīng)应该	扉(fēi)	扣(kòu)
屐齿　木屐	(yìng)答应	柴扉　扉页	扣住　衣扣

　　指名读、齐读。

　　师:同学们通过预习,对这首诗中的字音已经掌握,谁能试着把这首诗读一读呢?

　　生读。

　　师:我们来听一听录音是怎样读的。(录音范读)

　　师:谁能读得比较流畅呢?(学生举手踊跃)这么多人都愿意读,大家就一起来吧。

在这里,我设计了生活中存在的一个情理方面的矛盾问题:"作者去游园,因为主人不在家,没有能进到园里去,怎样能表达出他对春天的喜爱之情呢?"对于小学生来讲,由于他的认知和年龄特点,心中就会引起好奇,从而激发他们接下来深入学习,一步一步寻求答案的兴趣。

在进行问题设置时,要结合小学生的实际学习能力,问题尽量具体,要留给学生丰富的思考空间。这样的启发式设计,可以抓住学生注意力,帮助学生养成研读文章的良好习惯,使学生的归纳能力、领悟能力得到有效提升。

二、自读自悟,了解诗意

"学生是学习的主体。语文课程必须根据学生身心发展和语文学习的特点,爱护学生的好奇心、求知欲,鼓励自主阅读、自由表达,充分激发他们的问题意识和进取精神,关注个体差异和不同的学习需求,积极倡导自主、合作、探究的学习方式。"这是新课标明确提出的要求,也是我设计这节课"连词释句,连句释诗"教学环节秉承的理论依据。

师:请同学们采用自己喜欢的方式自学这首诗,看作者讲的什么意思。看看能学懂这首诗中的哪些词、哪句话,不懂的地方可以画出来。

(学生自学2分钟左右)

师:通过刚才的学习,同学们说一说,你懂得了哪些词的意思?是采用什么方法学习的? 我们先看诗的前两句。

生1:我知道了"应"是大概、可能的意思。"怜"是爱惜的意思。"屐"是鞋的意思。我是看了课文下的注释,又问了同桌后知道的。

师:这是一种很好的学习方法,很有收获。谁还有不同理解?

生2:这里的"屐"是指木底鞋。以前古人穿的鞋是木头做的,这里的"屐齿"应该是指古人穿的木底鞋底下有两个齿。从书上的插图可以看到作者穿的鞋底有齿。

师:这是运用我们以前学过的联系插图法进行理解。

生3:"印"是痕迹,是作者走过留下的痕迹。"苍苔"是长在地

上的一种绿色的东西。有一次,我回老家去看奶奶,她家院外有个水坑,坑边石头上就长有绿色的一层东西,爸爸说那就是苔藓。

师:咱班同学很会学习,能够联系生活实际来理解。这里的"印"当踩踏讲,"苍苔"就是长的一些苔藓,大都生长在阴湿的地方。

生4:"小扣"是轻轻地敲。"柴扉"是柴门。我也是看书上注释知道的。

师:谁能把前两句诗的意思连起来说说?

生5:大概是园子的主人爱惜苍苔,怕"我"的木底鞋在上面留下脚印吧。轻轻地敲那柴门,好久也没有人来开。

师:谁把后两句诗意连起来说说?

生6:园里的花开得正好,这些花所代表的春色是关不住的。瞧,一枝开得正旺的红杏伸出了墙外。

师:谁能把这首诗的意思连起来说说? 先给同桌说说,然后我从南北两大组各选一个代表来说。(学生积极练习)

两组学生进行比赛。(气氛热烈)

在整个学习过程中,从"采用自己喜欢的方式自学""自主汇报学懂的词句""教师及时表扬学生学习古诗的方法"到"同桌交流诗意和南北两大组推选代表说整首诗的意思"四个环节,都体现出学生的自愿、自觉和自主。在多种交流、互动中,学生积极性高,兴趣浓厚,弄懂了字义,了解了诗意,体现出学生的主体地位。

三、入情入境,熟读成诵

新课标明确要求,在阅读教学中要重视朗读,要让学生充分地读,在读中整体感知,在读中培养语感,在读中受到情感的熏陶。基于此,我在这节课的教学过程中,紧扣文本内容,分三步进行朗读训练,为学生创造朗读机会,使诗意理解与朗读训练得到有机结合。

一是教师引读,知因果关系。

师:从题目上看,作者不能游园的原因是什么?

生:主人不在家。

师：从诗的内容上看，"小扣柴扉久不开"的原因是什么？

生："应怜屐齿印苍苔。"

师：对，因为这个原因，才会出现——

生："小扣柴扉久不开"这个结果。

师：而"一枝红杏出墙来"的原因又是什么？

生："春色满园关不住。"

师：非常正确，后两句也是因果关系。

二是想象画面，抒赞美之情。

师：同学们，作者兴致高昂地去游园，久等不见主人来开门，心情怎样？

生：不高兴、扫兴、不愉快。

师：请同学们看书上插图，正当作者准备离开时，他看到了什么？

生：看到一枝盛开的杏花伸出墙外。

师：此时他会怎么想？请同学们想象一下，园内会有什么美景，代表着万物复苏、生机勃勃的春天？

生1：杏花、桃花、梨花、垂柳。

生2：迎春花、小草、月季花。

生3：小燕子、蝴蝶、蜜蜂。

……

师：同学们想象力很丰富。请同学们闭上眼睛，让我们跟随作者，穿越到南宋美丽的春天吧。（配乐介绍：一天，阳光明媚，空气清新，花香袭人，诗人叶绍翁身穿长袍，脚蹬木屐，要到好朋友家去游园。他迎着春风，唱着小曲儿，沿着弯弯曲曲的石头小路走，不多时便来到了花园门前。他轻轻地敲那柴门，喊道："张兄，我来了。"没人应声。他提高了嗓门："张兄，开门呀！"仍无人答应。他等了很久，也不见园子的主人。唉，有点扫兴！他心想："兄长不给我开门，大概是太爱惜苍苔，怕我的木底鞋在上面留下脚印吧。"他转身想返回，发现离门不远处的墙头上，伸出来一枝花来。他急忙走过去，仔细一瞧，发现那粉红的杏花，正迎着阳光怒放，花蕊中散

发出淡淡清香;嫩绿的叶子虽未长大,但透出勃勃生机。此刻,他眼睛一亮,仿佛看到了园中美景:粉红的杏花,白色的梨花,你不让我,我不让你,争着绽放。一排排冬青树换上了新装,像等候检阅的哨兵,站得整整齐齐。嫩绿的小草,在微风中摇曳,蝴蝶在花丛中翩翩起舞。偶尔,一两只燕子掠过园子上空,"叽叽"地叫着,好像在说:"春天来了,春天的景色真美呀!""是呀,这些花所代表的春色是关不住的。"叶绍翁拉回思绪,自言自语。他兴致盎然,诗兴大发,于是随口吟道:"应怜屐齿印苍苔,小扣柴扉久不开。春色满园关不住,一枝红杏出墙来。")

师:同学们睁开眼睛。这时作者的心情怎样?

生:愉快、高兴……

师:作者写这首诗,表达了他的什么感情?

生:对春天的喜爱、赞美之情。

师:同学们,此刻你们能否回答老师前面提出的问题:"作者去游园,因为主人不在家,没有能进到园里去,怎样能表达出他对春天的喜爱之情呢?"

生:作者虽然没能见到主人,但他看到从主人家的园子里伸出来的一枝盛开的红杏,想象到春天万紫千红的美丽景象,这是他的意外收获,所以作诗一首,进而表达他对春天的喜爱、赞美之情。

师:多美的春色呀,尽管作者未进到园里,但他从露出墙头的一枝红杏想象出满园的春色,仍然尽兴而归,内心感到十分快慰,从而表达出对春天的热爱、赞美之情。诗的后两句,蕴含着"一切富有生机的东西是关闭不住的,它定能冲破压抑和阻力表现出来"的道理,所以成为千古名句。

三是指导美读,能熟读成诵。

师:这么美的春景,这么美的诗,让我们带着对它的喜爱与赞美之情来朗读吧。我们按照学过的七言绝句的停顿方法来读。

师生在原诗上画"/",齐读一遍。

师:诗中哪些词需要重读,才能表达出作者对春天的喜爱与赞美之情呢?

生1：我觉得"应、屐、印、柴、久"这几个词应该重读，语调要舒缓些，速度要放慢些，给人一种回味。

师：同意他的看法的请举手，我们用着重号在诗中标出停顿重音。

生2：我觉得"春色满园关不住"这一句读时要拖长音，才能把春天的美景读出来，等读到"关不住"三个字时速度快一些。

师：你来试着读读这一句。

生读。（大家鼓掌）

生3：最后一句也要读得慢一些，并强调"出"字。

师：同学们真会体会。这里就是要读出一枝红杏花摇曳多姿的样子，读出作者心中万紫千红的场景。谁愿意带着这种感觉，把这首诗完整地读一遍？

找一同学试读。同学评读，并说出好在哪里，齐读。

师：谁能把这首诗背下来？

找一学生背，齐背。

师：古代的诗歌都是可以配乐唱出来的。这首诗，你准备给它配上什么熟悉的乐谱，唱给大家听呢？自己试试。

生1：我给这首诗配上《世上只有妈妈好》的曲调。

师：请大家一边打节奏，一边听他唱。

生2：我配的音乐是《小松鼠》。

生3：我配的是《让我们荡起双桨》。

师：这几个曲调都很欢快，我们就用《让我们荡起双桨》的曲调一齐唱出《游园不值》。起立，如果你想加上动作也可以。（全体学生在欢快的曲调中唱起来，部分学生还用手势表达着自己的喜悦心情）

小学生开展朗读，需要在理解内容的基础上进行，通过朗读训练，强化对文本内容的理解，从而更好地实现阅读教学目标。在朗读训练过程中，教师针对文本中的词句与段落进行适当引导，仔细揣摩、品出文章中的深层次含义，使学生在朗读中理解句子的内涵，感受作者的情感，对文章结构、语法修辞的应用得到深刻的理解。

四、总结学法,学以致用

教无定法,贵在得法,好的方法能收到事半功倍的效果。叶圣陶先生说,"教是为了不教",道出了教育的真谛。有效的教学,既是为学生学习服务的教学,也是教会学生学习的教学。这节课,为了更好地完成第三个教学目标,课的最后环节,师生共同回顾学习过程,总结归纳出学习古诗的常用方法之一——"三读"法(见下表)。这样设计,是教师落实教学目标的一个策略,既梳理了老师的教路,又明确了学生的学路。学生掌握了"三读"法,为学生以后自学古诗打下基础。

"三读"法	一读:理解题目,了解字词
	二读:连词释句,连句释意
	三读:入情入境,熟读成诵

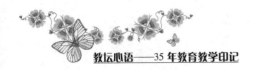

抓住文体　注重方法　激发想象
——以《少年闰土》为例

《少年闰土》节选自鲁迅的短篇小说《故乡》。文章采用倒叙的方法,生动地刻画了一个聪明能干、健康可爱的海边农村少年形象,表现了"我"和闰土儿时有过短暂而真诚的友谊,表达了作者对劳动人民的热爱,对美丽、自由、自然的热爱。我在教学中,紧扣文本特点,凸显学法指导,利用教材内容培养学生的想象力,帮助学生更好地体会人物形象。

一、抓住文体,整体推进

本文是一篇小说,小说的文体特点是要弄清它的三要素:情节、人物、环境。在教学过程中,这三要素怎么关注呢? 我设计了以下几个教学环节:

片段一

师:上节课我们学习了课文的前三段,请同学们回忆一下,这是一篇什么体裁的文章?

生:小说。

师:小说都是有故事情节的,这篇小说是按照怎样的步骤叙述故事情节的呢?

(学生回答,教师板书"故事情节"一词,并加上小标题:回忆—相识—相处—离别。)

师:同学们学习得很好,文章先从"回忆"月光下刺猹写起,"我"盼望见到闰土,到看到闰土是一个紫色圆脸、套银项圈的健康朴实、活泼可爱的孩子。

师:俩人相识之后都谈了些什么呢? 请同学们打开课本,我们继续学习课文第四大段。

片段二

师:哪位同学愿意朗读课文第四段? 注意边听边用曲线画出本段的概括句。

课堂实践与方法

生读。

师:什么是"稀奇事"?

生:稀少而新奇的事情。

师:闰土给作者讲了哪几件"稀奇的事"?用一个词概括。

生1:雪地捕鸟。

生2:海边拾贝。

生3:看瓜刺猹。

生4:看跳鱼儿。

师:同学们对哪件事最感兴趣?为什么?

生自由说,对每件事都很感兴趣。

师:我们先看大家最感兴趣的"雪地捕鸟",请同学们注意学习步骤。

师:课文哪个自然段写了"雪地捕鸟"?

生:第7段。

师:针对这一段内容,请同学们按照老师的提示来学习。

> 学习提示:
> (1)什么天气适合捕鸟?为什么?
> (2)怎么捕鸟?
> (3)都捕到了什么鸟?

生1:必须下大雪才好捕鸟。因为下大雪了,鸟儿无处觅食,饿急饿慌饿昏了头,就会冒险来吃食物。他是这样捕鸟的:"我们沙地上……什么都有:稻鸡,角鸡,鹁鸪,蓝背……"

师:把这一部分连起来读读,你明白了什么?

生1:明白了闰土是个捉鸟能手。

生2:明白了闰土聪明能干。

生3:明白了闰土捉过许多鸟。

生4:明白了捕鸟的方法很巧妙。

生5:明白了这一段准确地运用了动词,写出了捕鸟的过程。

师:下面我们借助图,看看闰土捕鸟的过程(出示图片):一场大雪纷纷扬扬,下了三天三夜,万里江山变成了粉妆玉砌的世界。此时,正是捕鸟的好时机,闰土扫出一块空地来,找来一根短棒,支

13

起一个大竹匾,在短棒上系一根长长的细绳子,再抓些秕谷,撒在竹匾下的空地上。不一会儿,就招来了一群小鸟,它们叽叽喳喳地叫着,在竹匾的上方飞来飞去,有的干脆落在地上,试探着有无危险。经过一番侦查,饿昏了头的小鸟感觉挺安全的,就悄悄地走进竹匾,一只、两只、三只……正当它们大口大口地吃得香时,闰土远远地将缚在棒子上的绳子一拉,那鸟雀就罩在下面了。哇! 什么都有:稻鸡、角鸡、鹁鸪、蓝背……真是太有趣了。

师:我们一齐读读这段,和闰土共同分享这种快乐吧。

生读。

师:好,我们一起回顾一下这一段的学习方法:第一步是"问",默读课文提问题;第二步是"找",在课文中找答案;第三步是"悟",再读课文,领悟课文的意思。

片段三

师:课文中还写了"看跳鱼儿",齐读第十七段,有哪些不懂的问题可以提出来。

生:跳鱼儿怎么会有青蛙似的两只脚?

师:是啊,鱼怎么会有脚?

生:有。

师:什么鱼啊?

生:娃娃鱼。

师:啊,你可真见多识广! 跳鱼有两只脚,老师也没见过这种鱼,谁见过?

生:没见过。

师:可是闰土就见过这种鱼,这说明什么?

生:说明闰土见多识广,他"心里有无穷无尽稀奇的事"。

闰土是《故乡》中少年形象的代表,是作者童年生活的美好向往,甚至寄托着浓厚的乡土情怀,要准确地把握这一点。在这里,我引导学生分别认识了"回忆中""相识中"的闰土和"相处中""离别时"的闰土,形象各有不同,特别是在"看瓜刺猹""雪地捕鸟""海边捡贝""看跳鱼儿"事例中,"我"了解

到闰土是一个活泼可爱、知识丰富、聪明能干的少年。从外貌描写到具体事例，从直接描述到抒发感受，由外及内层层解读，使闰土的形象生动、丰满地立在学生心中。

注重引导关注环境描写。如让学生明白第一段"月夜刺猹"部分是对自然环境的描写，还要清楚潜藏在情节里的社会环境的描写："闰土的心里有无穷无尽的稀奇……只看见院子里高墙上的四角的天空。"引导学生思考为什么要描写这些环境，进而理解其作用是为了进一步说明："我不能广泛接触大自然，像井底之蛙，见识太少，而闰土在农村这个广阔的天地中自由自在，什么稀奇事都见过，知识非常丰富。"这样就很好地体会到作者要表达的意蕴。

在这篇课文中，我们还看到教学中"小说三要素"的学习不是单一割裂的，而是整体推进的，当然也不是平均使用力量，而是以感受人物形象为主，突出本课的教学重点。这样的安排层次清楚，重点突出，逐步深入，凸显小说类文体学习的基本规律和方法选择。

二、注重学法，主动参与

古人云："授人以鱼，只借一餐；授人以渔，终身受益。"教师在平时的教学中，要重视对学生的学法指导。

片段四

师：我们按照刚才学习"雪地捕鸟"的方法："问—找—悟"，快速自学"海边拾贝"部分。

生投入自学。

师：下面我检查一下同学们自学的情况。第一步，提问题。

生1：什么时间，什么地点适合拾贝壳？

生2：闰土都捡了些什么贝壳？

师：第二步，找答案。

生1：夏天，海边。

生2：红的、绿的、鬼见怕、观音手。

师：第三步，悟，也就是读这些内容，你明白了什么？

生1：明白了这些贝壳五颜六色。

师:从哪些语句体会出来的?

生谈。

师:这里的贝壳奇形怪状,从哪些语句体会出来的?

生说。

师(拿出贝壳):绿色的、紫色的……像蛇、像假山……五颜六色、千奇百怪,有意思极了。

师:让我们用引读法,来体会海边拾贝的乐趣吧。

师:什么时间,什么地点适合捡贝壳?

生读:夏天到我们这里来。我们日里到海边捡贝壳去。

师:闰土都捡了些什么颜色的贝壳?

生读:红的绿的都有。

师:闰土都捡了些什么形状的贝壳?

生读:鬼见怕也有,观音手也有。

片段五

师:冰天雪地的捕鸟妙趣横生,金色沙滩的拾贝其乐无穷,更吸引作者的是那惊心动魄的瓜地刺猹,以至于想起闰土,眼前就浮现出那美丽的图画,所以它与课文第一段联系紧密。课文哪些自然段写了这件事?

生:十一至十五自然段。

师:刚才同学们进行了自学,现在咱们四人小组合作学习"看瓜刺猹":大家提问题,大家解决,看你们组读懂了什么内容。一会儿老师找人回答,现在开始。

学生进行小组合作学习。

师:下面老师检查一下小组合作学习情况,每组选代表来回答,其他同学可以补充。

生1:晚上看瓜要管的是哪些动物?

生2:要管的是獾猪、刺猬、猹。

生3:我知道了很多动物喜欢吃瓜。

生1:猹是一样什么动物?

生2:猹跟狗差不多。

生3:猹很伶俐,也很凶猛。

生1:闰土是一个什么样的人?

生2:闰土很聪明、很勇敢、胆大心细。

生3:种西瓜很不容易。

……

师:同学们通过小组合作学习,有了不少收获。下面我们一边看插图,一边听录音,在脑海中想象闰土看瓜刺猹的动人情景。

(出示插图,放录音:一个晴朗的夏夜,深蓝的天空中,挂着一轮金黄的圆月,在海边的沙地里,种着一望无际的碧绿的西瓜。瓜地里,一个十一二岁的少年名叫闰土,项戴银圈,手里拿着一柄钢叉,正在观察地里的动静。忽然,他听到一阵啦啦的响声,他知道这是猹在咬瓜了,便蹑手蹑脚地向那声音走去。近了,更近了,他看到一只凶猛的猹,正在津津有味地啃着西瓜。眼疾手快的闰土,手拿钢叉用力刺去,这伶俐的畜生,不但不逃跑,反而掉头向闰土奔来,从胯下蹿了。)

师:假如闰土此刻就站在你面前,你会对他说些什么?

生:我真佩服你,你真勇敢!

师:作者和我们有同感,文上哪些句子表达了他的这种佩服之情? 出示句子:"我素不知道天下……出卖罢了。")"素不知道"什么意思?

生:向来不知道。

师:作者向来不知道什么?

生:不知道"海边有如许五色的贝壳,西瓜有这样危险的经历"。

师:只知道什么?

生:"它(西瓜)在水果店里出卖罢了。"

师:闰土知道什么?

生:"海边有如许五色的贝壳,西瓜有这样危险的经历。"

师:说明了什么?

生:闰土知识丰富。

出示句子:"闰土的心里有无穷无尽稀奇的事……四角的天空。"

师:"我往常的朋友"指谁?

生:有钱人家的少年。

师:他们生活在什么地方?

生:生活在深宅大院,整天关在屋子里。

师:闰土生活在什么地方?

生:生活在海边、农村、大自然中。

师:说明了什么?

生:说明"我们"不能广泛接触大自然,像井底之蛙,见识太少,而闰土在农村这个广阔的天地中,自由自在,什么稀奇事都见过,知识非常丰富。所以作者非常佩服闰土。

师:让我们用佩服的语气,来读这两段话。

新课标在"实施建议"中明确提出:"语文教学应激发学生的学习兴趣,培养学生自主学习的意识和习惯,引导学生掌握语文学习的方法,为学生创设有利于自主、合作、探究学习的环境。"在本文的教学中,我通过"雪地捕鸟",引导学生总结学习的方法是:"问—找—悟";然后学生按照"问—找—悟"的方法,试着自学"海边捡贝"这部分;最后,熟练运用这种方法四人小组合作完成"看瓜刺猹"的学习任务,这样的设计体现教法的"导—扶—放"的过程。学生在教学活动中积极主动,兴趣浓郁,参与面广,充分体现学生的主体作用和教师的主导作用。

三、依托教材,激发想象

为了更好地突出闰土的形象,我充分利用教材的内容,来引导学生进行丰富想象,体会闰土是一位知识丰富的少年。

片段六

师:同学们想一想,闰土仅仅给作者讲四件事,能叫无穷无尽吗?

生:不能。

师:他还讲了什么"稀奇事"?

生1:还讲了海里扎鱼。

生2:沙滩捉蟹。

生3:场地看粮。

……

师:听到这么多"稀奇事",对于一个长期生活在深宅大院的少爷来说,他感到外面的世界就像那沙滩上的贝壳一样五颜六色、千奇百怪,真是太精彩了!他羡慕闰土,向往农村这个广阔的天地。听完这些叙述,他情不自禁地发出赞叹:"啊!闰土的心里有无穷无尽稀奇的事,都是我往常的朋友所不知道的。"

师:这么多新鲜事,表现了闰土什么特点?

生:知识丰富。

师:同学们能不能通过对话的形式,来反映闰土的这个特点呢?谁来扮演闰土?谁来扮演鲁迅?如果能加上自己理解的动作和内心的变化更好。(生举手)表演前先表明身份,对话中可以随意加动作。

两位学生绘声绘色地进行表演。(赢得学生阵阵掌声)

片段七

师:多好的一对朋友啊!可惜好景不长,正月过后,闰土要走了,二人的感情如何呢?齐读最后一段,用一个词概括。

生读课文。

生:情谊深厚。

师:你从文中哪些词句看出二人情谊很深?

生:哭,送东西。

师:闰土要走,"我"和他当时会怎么想?能说些什么?

生1:闰土要走了,不能和我玩了,我很不高兴,可我也没有办法把他留下来,那我就挑一件我最喜爱的东西送给他。

生2:闰土,有时间要经常来呀,我把母亲给我买的新帽子送给你吧。

生3:少爷,这太贵重了,我不要。我也不想和少爷分开,可阿爹不同意,我也没有什么值钱的东西,那我就把打鸟的弹弓送给你吧,希望你喜欢。

......

师：同学们想象丰富，也很合理。从中可以体会到二人结下了深厚友谊，彼此不愿分开，互赠礼物。请看插图，根据当时的雪景，借用李白的诗句"桃花潭水深千尺，不及汪伦送我情"来改写，表达出二人的友谊。

生1：洁白雪花深三尺，不及闰土我俩情。

生2：纷纷雪花飘无数，不及闰土我俩情。

在学习"雪地捕鸟""看瓜刺猹"这两部分时，教师也根据教材内容适度引导学生进行想象。科学、合理地引导学生进行想象，加上"我"对少年闰土的回忆，作者的感情也在一步步发生变化，从而鲜明地刻画了一个知识丰富、聪明能干、活泼可爱的海边农村少年形象，反映了"我"对闰土农村生活的羡慕、向往，抒发了对劳动人民的热爱之情。

弄清顺序　突出重点

——以《飞夺泸定桥》(第3课时)为例

《飞夺泸定桥》这篇课文,主要记述了红军战士为了夺取大渡河上的泸定桥而进行的惊心动魄的战斗,目的是让学生感受到红军战士的英勇无畏,学习红军战士不怕艰险、勇往直前的革命精神。课文围绕着"飞"和"夺"展开故事情节,按照"必夺桥—赶到桥—夺取桥"的思路记述事情的发展过程,条理非常清晰,其中红军怎样飞夺泸定桥是重点内容。我是从以下几个方面引导学生学习这篇课文的。

一、回顾课文内容,了解故事起因

本课时一开始,我就引导学生回顾所学的前两部分内容,明确红军要想北上抗日,必须渡过大渡河;渡过大渡河的关键是必夺泸定桥,这是故事的起因。为了粉碎敌人妄想把我军消灭在桥头的诡计,我军利用二十多个小时进行急行军,赶到了泸定桥,突出了题目中的"飞"字,这是故事的发生。

对于五年级的学生来说,写事习作已经练习过多次,接下来作者要写故事的经过、结果是情理之中,所以很自然地过渡到下面的学习中。

二、厘清故事层次,突出夺桥艰难

师:找一位同学来读课文第三部分,其余同学边听边思考:这部分写了什么? 可划分为几层? 用"//"线在文中画出,并说明理由。

生1:这部分写了夺取泸定桥。

生2:分两层。第一层写夺桥困难,第二层写夺桥经过。

师:请默读课文的第一层,通过默读,你明白了什么? 从文中哪些句子中知道的?

生1:我明白了要夺取泸定桥非常难。"泸定桥离水面有几十丈高,是由十三根铁链做成的……摇摇晃晃……心惊胆寒……震耳欲聋。"

生2:我明白了敌人非常嚣张。敌人"疯狂地向红军喊叫:'来吧,看你们飞过来吧!'"

生3:环境恶劣。

……

师:请同学们试着读出泸定桥的环境恶劣和敌人的疯狂嚣张。

生读,师评价,再读。

师:这一段作者是按照什么顺序来写天险的?

生:按照方位顺序来写的。前三句写桥上的情景,第四句写桥下情景,后四句写桥对岸情景。

师:同学们真会学习。这段去掉行不行?为什么?

生:不行,因为这段写了泸定桥的险,为下文写红军战士难夺泸定桥做了铺垫。

学生通过自读,明白了无论是自然环境,还是人为环境都极为恶劣,突出了夺桥的困难。教师引导学生明确作者的写作顺序,更好地突出主题,达到学以致用的目的。

师:在这样险恶的环境中,红四军是怎样夺桥的呢?找一位同学读第二层,其余同学思考:这一自然段的第一句和后几句之间是什么关系?

生:总分关系。

师:总攻是什么样的战斗场面?

生1:领导亲自指挥。

生2:冲锋号、枪炮声、喊杀声震动山谷。

生3:二连担任突击队的22名英雄全副武装冲向敌人。

生4:三连战士紧跟后面担任铺桥任务。

师:文中怎样具体描述了22位英雄夺桥的战斗英姿?

生齐读:22位英雄拿着短枪,背着马刀,带着手榴弹,冒着敌人密集的枪弹,攀着铁链向对岸冲去。

师:同学们,请想象一下,此时的泸定桥上是一番什么样的情景。同桌之间先讨论讨论。

生1:枪炮声、喊杀声、敌人疯狂的射击声。

生2:混乱一片。红军战士有的刚走了几步就中弹落水;有的

因为铁链太滑手抓不稳掉到水里;有的边喊边打,手紧紧抓住铁链向前移动。

生3:惨不忍睹。许多红军战士从铁链上掉下来,被卷入激流,死伤无数。

师:(出示挂图)这是一幅血流成河、死伤无数、惨不忍睹的场面;也是一幅不畏牺牲、英勇拼杀的画面;更是一幅气壮山河、感天动地的画面。让我们带着对敌人的刻骨仇恨和对英雄的敬佩,再来读一读这段课文。

生一起带感情朗读。

师:当突击队员刚刚"冲到对面"时,敌人放起火来,此时会出现什么情况?

生1:此时浓烟滚滚,熊熊大火燃烧起来,铁链烧着了战士们的衣服。

生2:大火把一个红军战士的头发烧焦了,但他全然不顾,咬着牙,瞪着眼,仍匍匐前进……

生3:浓烈刺鼻的烟呛得红军喘不过气来,加上熊熊大火使红军战士看不清前方的路。

师:在这关键时刻,团长和政委是怎样动员大家的?

生齐读:在这千钧一发的时刻,传来了团长和政委的喊声:"同志们! 为了党的事业,为了最后的胜利,冲呀!"

师:"千钧一发"是什么意思?

生:比喻形势万分危急。

师:从哪里可以看出团长和政委的动员给了英雄们以勇气和力量?

生1:英雄们奋不顾身穿过熊熊大火与敌人进行搏斗。

生2:与敌人搏斗了两个小时,把敌人消灭了一大半。

生3:夺取了泸定桥,战斗取得了胜利。

师:"激战了两个小时"写出了这次战斗时间短,本段围绕题目中的"夺"字来写,突出了夺取泸定桥的"飞"速。

这两段重点写了飞夺泸定桥的艰难经过,是故事的高潮。一开始就采用总分的写法,让学生明白总攻是什么样的场面;然后通过想象泸定桥上是

一番什么情景,在快要冲到对面时,敌人放火烧,又会出现什么情况。通过充分讨论,以及入情入境的朗读,学生深深体会到夺取泸定桥这场战斗真是一场苦战,一场恶战,更是一场起决定性作用的战斗。

三、围绕中心构思,表现无畏精神

这篇文章主要写了红军在二万五千里长征途中,飞夺泸定桥的经过,表现了红军战士不畏艰险、勇往直前的大无畏精神。围绕这个中心,课文按照事情发展的起因、发展、高潮、结局的顺序来写。

根据这次战斗的特点,重点写了"赶到泸定桥"和"飞夺泸定桥"。因为这两部分与中心的关系最为密切,最能突出主题,最能表现出红军战士不畏艰险、勇往直前的大无畏精神,所以作为重点详写。针对这两个重点部分,作者都是按照事情发展顺序写的,如"赶到泸定桥":先写"我军看准了抢在前是胜利的关键",再写"与敌人赛跑",后写"抢先赶到泸定桥";"飞夺泸定桥":先写"敌人筑好工事",再写"我军发起总攻",后写"与敌人激战,夺取泸定桥"。因此,学生明白写文章时,除了全文可以按事情发展的顺序写,重点部分也可以按照事情发展的顺序写。

【板书设计】

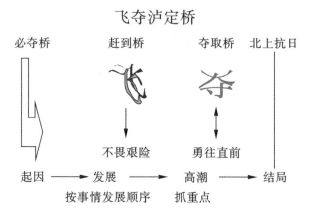

在语言训练中感受"美"

——以《第一场雪》为例

　　《第一场雪》是一篇散文,是作家峻青在1962年写的一篇有关"雪"的文章,语言优美、意境清新,具有诗意浓郁、情景交融的特点。在教这篇课文时,我结合文本内容,通过三个层面进行梯度语言文字训练,给学生以美的享受。结合课堂教学情况,我谈一谈自己的想法、做法。

一、复习导入,整体感知

　　师:通过上节课的学习,谁可以用一个词来形容文章给我们的整体印象?

　　生1:美。

　　生2:粉妆玉砌。

　　生3:洁白美丽。

　　师:这么美的雪,作者是按什么顺序写的?

　　生:按雪前、雪中、雪后的顺序来写的。

　　师:下雪前,天气怎样?

　　生:骤然变冷。

　　师:下雪时雪花——

　　生齐:纷纷扬扬。

　　师:下雪后呢?

　　生:变成了粉妆玉砌的世界。

　　师:这么美的雪,让我们再来美美地读读第一段吧。

　　【设计意图:在学习这篇课文时,教师通过复习旧知,让学生一开始就形成对"第一场雪"的整体印象:美。在学生明确"雪前、雪中、雪后"的写作顺序基础上,感知"第一场雪"的整体美——下雪前,天气骤然变冷;下雪中,雪花纷纷扬扬;下雪后,世界变得粉妆玉砌。

　　学生通过初读全文,知道这是一篇结构完整的文章。有了整体的认识,对于全文的学习起到了铺垫作用。再通过美读第一段,引发学生学习下文的兴趣。】

二、抓重点词句，具体感受

师：作者是如何描述雪中、雪后的情景呢？这一节，我们继续学习课文。

找一位同学读课文第二段，其他同学边听边思考：这场雪下得很大，文中哪些词表明雪下得很大？

生1："鹅毛般""彤云密布"。

生2："一会儿就白""簌簌""咯吱"。

师：体会一下仅仅写了雪大吗？

生1：还写了雪下得很急。

生2：也写了雪下得很密。

师：同学们真是太会学习了，如何读出雪的这种感觉呢？请同学们试试吧。

生读。

师：谁愿意读读？

生读。

师：谁来说一说他读得怎么样？

生1：×××读得声音洪亮，很有感情，特别是"簌簌"这个词突出出来，让人觉得好像看到了雪花下落的样子。

生2：我觉得"咯吱""簌簌"应读得轻一点，因为这个声音是在"万籁俱寂"的夜间发出来的。

师："万籁俱寂"是什么意思？

生：什么声音都听不见了。

师：怎样才能把这个很静的夜读出来呢？谁来试试？

生读。

师：他读得静吗？

生：静。

师：请你给同学们介绍一下经验。

生：把这几句读得轻点、慢点，就显得静了。

师：对，读表示非常"静"的句子要用"虚声"，不要读得太实。同学们听我来读。（用"实""虚"两种读法读句子，让学生对比）

师:所以要读得"虚"一点,谁来读一读?

生读。(师生热烈鼓掌)

师:这一段,作者采用了先概括后具体的写法,描述了胶东半岛下第一场雪的情景,这场雪下得弥天盖地。通过同学们充满感情的朗读,我们仿佛看到了在我国山东大地上一场鹅毛大雪来得快、下得急的情景,又通过抓住象声词,体会出这场雪带来的快乐。

【设计意图:注重抓住重点词句,让学生体会雪大、雪美。教学"雪中"这部分课文时,引导学生明白文中作者是如何描写雪大、雪美的。学生细读"就只见鹅毛般的雪花,从彤云密布的天空中飘落下来,地上一会儿就白了"等句子,使学生理解雪大、密、急的特点,是作者仔细观察、用心感受的结果。在此基础上,通过细读"簌簌""咯吱"等象声词,使学生进一步体会到静夜的雪大、雪美特点。】

师:第二天清早,天就放晴了,我们看看雪景好不好?

生齐:好。

师:请同学们默读课文,依据小黑板上的问题来自学课文第三段。

> 自学问题:
> 1. 作者抓住哪些景物来描写雪后的情景?
> 2. 这一段写出雪后景色的什么特点?
> 3. 带着感情朗读课文。

师:作者抓住哪些景物来描写雪后的情景?

生:作者首先写山川、河流、树木、房屋等全都罩上了一层厚厚的雪,万里江山变成了粉妆玉砌的世界。

师:这是个什么句?

生:比喻句。

师:把什么比作什么?

生:把万里江山比作被雪扮成的粉妆玉砌的世界。

师:什么叫粉妆玉砌?

生:用白粉装扮,用玉石砌成,形容雪后一片白色世界。

师:这是一种什么状态的美?

生:静态美。

师:作者先概括写了雪后的景色,然后抓住了银条、雪球等具体描述雪后的景色。一般来讲,毛茸茸的东西是不会闪光的,可是毛茸茸的银条,为什么会亮晶晶呢?

生1:雪落在柳树上,被太阳一照,就闪光了,融化了。

师:银条是由雪形成的,雪又为什么会沾在柳枝上?请跟老师一起读课文。

师读:"开始下雪时还伴着小雨",因为是第一场雪,天气还不是十分寒冷,所以开始下的是雨,这雨把柳枝——(生:打湿了),雪落在打湿了的柳枝上,越积越多,变成了(生:银条),又因为它不是特别光滑的,是凹凹不平的,所以看上去是毛茸茸的,太阳一照,就会亮晶晶的。

师:还有"蓬松松"的东西,比如一团棉花,不会是"沉甸甸"的,但是课文为什么又说"蓬松松、沉甸甸的雪球"呢?

生:松枝是散状的,枝又很细,因为上面压了很多雪,所以显得"沉甸甸"的。

师:说得真好。冬天,松枝是不落的。密集的松针把落在它上面的雪给托住了,成为一个雪球。雪球给我们的感觉是蓬松松的,但这个雪球是由一根松枝来负担的,当微风吹来的时候,松枝就托着雪球摇晃,好像负担不了这个雪球似的,所以给我们的感觉又是沉甸甸的。

师:雪景这么美,谁能把它美美地朗读出来? 他读的时候,大家闭上眼睛来听,看能不能把你带进那么美的雪景中。

生读。

师:听他读,有没有把你带到雪景中去?

生1:没有。

生2:有点。

师:一起听一下,看老师能不能把大家带进去。(师读)往里走了没有?

生:走了。

师:谁愿意继续领着大家往里走?

生读下一节。

师:一阵风吹来是什么样的情景?

生:树枝摇晃,雪末儿随风飘扬。

【设计意图:通过自学讨论,感情朗读,引导学生具体感受作者遣词造句的准确。这篇散文的重点是"雪后"景色的描绘,因此我在教学"雪后"这段课文时,让学生先自学,然后分三个层次来引导学生抓住重点词句理解雪美、景美的特点。第一步,先了解作者采用比喻句描绘出"万里江山变成了粉妆玉砌的世界"等词句,让学生去感悟雪景的静态美。第二步,通过抓住作者对雪的描绘"毛茸茸、亮晶晶、蓬松松、沉甸甸、银条儿、雪球",让学生去体会原来不美的东西(光秃秃的柳枝)变美了(变成了银条儿);原来美的东西(常青的松柏)变得更美了(挂满雪球、白绿相间、互相映衬)。第三步,让学生去感受动态美,通过细读"一阵风吹来,树枝轻轻地摇晃","玉屑似的雪末儿随风飘扬"等词句,让学生体会到"玉屑"飘落、映着阳光、五光十色的动态美。】

师:作者领着我们还看到了一群欢乐游戏着的孩子。可见,写雪景不但写了景,而且写了什么?

生齐答:人。

师:你们喜欢在雪地里玩儿吗? 都玩些什么?

生1:喜欢。我们玩堆雪人。

生2:打雪仗。

师:到雪中来——踩雪、堆雪人、掷雪球。玩儿吧,欢声笑语在天空回荡。这是什么状态的美?

生:动态美。

师:请大家美美地读一读这几句,体会一下阳光下有风、有雪、有孩子的场景。

生(沉浸式)齐读。

师:远看美,近看美,整体美,具体美,静静的美,动起来也美,这些美交织在一起,雪的美不再单调,而是一种丰满的、有层次的美。其实,何止是雪景美啊,人的心里更美呢!"那欢乐的叫喊声,都快把……震落下来了",突出了孩子们的什么心情?

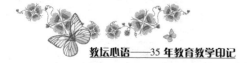

生1:欢乐、喜悦。

生2:高兴、愉快。

生3:兴奋、美滋滋。

师:采用了哪种修辞方法?用这种方法的好处是什么?

生1:夸张。

生2:可以写出人们的喜悦心情。

师:这一段作者采用先概括后具体的写法,由静到动,描写了雪后的美景,表达了作者喜悦的心情。

【设计意图:通过夸张修辞手法的运用和动态场面的描写,体会雪后老师带领学生到雪地里玩耍的欢乐场景。教师通过抓住文中重点词句,引导学生品读"踩、堆雪人、掷雪球""那欢乐的叫喊声,都快把树枝上的积雪震落下来了",使学生身临其境,感受到"玩雪"的兴奋、快乐,从而感受到作者细腻的笔触所描绘的静态美、动态美、色彩美、意境美。】

三、学习谚语,领悟情感

师:看着眼前的美景,作者联想到了什么?齐读最后一段。

生:瑞雪兆丰年。

师:"兆"的意思是?

生:预先显示。

师:"瑞雪兆丰年"的意思是什么?

生:及时好雪预示着来年五谷丰登、丰收在望。

师:瑞雪兆丰年的科学依据是什么?

生1:杀死害虫。

生2:带来水分。

生3:帮着麦子过冬。

师:是呀!美丽、吉祥的大雪,冻死了越冬的害虫,滋润了庄稼,给小麦盖了一层厚厚的棉被,它的到来给我们的生活带来美好的憧憬和向往。

师:丰收在什么时候出现?

生:明年。

师:所以有这样一句谚语:"冬天麦盖三层被,来年枕着馒头睡。"作者看见下这么大的雪高兴不高兴?

生:高兴。

师:作者为什么高兴?

生:喜欢雪,雪可以带来丰收。

师:作者为什么以"第一场雪"为题?

生:今年下的第一场雪。

师:这篇文章是作者峻青在1962年写的。我们国家从1959年到1961年处于三年困难时期。在这种情况下,作者在1962年看到了这么一场大雪,大雪预示着来年丰收,他的心里非常高兴。所以,文章标题是《第一场雪》,不仅从事实上,确实是入冬以来的第一场雪,而且从社会意义上看,是三年困难时期后第一个丰收的信号。所以,在标题上特意加上"第一场"。

【设计意图:学习谚语,感受中国语言文字的丰富内涵,达到体会景美到情美的升华。学生在教师的引导下,学习"瑞雪兆丰年""冬天麦盖三层被,来年枕着馒头睡"等谚语,明白"瑞雪兆丰年"的科学道理,明白"冬天麦盖三层被,来年枕着馒头睡"的科学依据。从中领悟作者为什么要以"第一场雪"为题,启发学生思考:作者的赞赏喜悦之情贯穿于雪前、雪中、雪后,不仅仅因为雪景美,更是因为作者从第一场雪预见到来年丰收,从而体会到情感之美,激发学生热爱祖国大好河山,渗透美育的目的。】

巧借多媒体突破难点

——以《只有一个地球》为例

这是一篇利用多媒体辅助教学,提高课堂教学质量的课例。通过课堂教学,我发现学生对《只有一个地球》描绘地球"美丽壮观""资源有限、地球易碎""无法移居、只有一个地球"的理解有一定难度,对于地球"可爱"与"易碎"的双重特点,也比较难以体会和想象。因此,我从以下几个方面着手进行本文教学。

一、借助图画进行想象

在学习第 1～2 段时,请同学们欣赏一组图片,有中国的长江、黄河、黄山、镜泊湖、大兴安岭、花海、草原、大熊猫、珠穆朗玛峰,有南极的企鹅,太平洋的海水,非洲的原始森林和最美中国人等。让学生知道,地球上有山有水,有湖泊,有森林,有花草树木,有珍禽异兽及聪明能干的人类。整个地球的景色犹如一幅画,帮助学生从中体会到地球的"美丽"。出示太空拍摄的地球图,结合读比喻句,让学生明白,文中把宇宙比作大海,把地球比作扁舟,在一望无际的大海上,漂着一艘小船,远远望去,就像一幅画,确实很美。就是借助图片,让学生明白地球的"美丽",体会到她的"壮观"。

二、借助影视进行理解

地球这么无私、慷慨地哺育我们,而人类是怎样对待这位可爱的地球妈妈呢？学生用自己的话说,毫无节制地乱砍滥伐、任意开采资源、捕杀野生动物……随着时间的推移,地球上人口的增多,人类对自然资源的用量在逐渐增加,人类无节制地开采石油、煤炭等不可再生资源,造成一系列"生态灾难"。为了让学生理解什么是"生态灾难",播放影视片段《一个小村庄的故事》。通过观看,学生清楚地知道,乱砍滥伐会引起洪灾、沙漠化、酸雨等现象;结合现实谈谈目前地球的样子:伤痕累累、千疮百孔、遍体鳞伤……真正使学生感到"地球资源有限""地球也是易碎的"。

三、借助数据进行说明

"科学家已经证明,至少在以地球为中心的 40 万亿千米的范围内,没有

适合人类居住的第二个星球。"这里的"40 万亿千米",学生的理解是模糊的,究竟有多远,出示一组数据进行说明。太阳离地球 1.5 亿千米,坐飞机的话二十几年到达。这里的"40 万亿千米",是说从地球上坐飞机到第二个星球,需要五六百万年才能到达。这里的数字比较准确地告诉学生,在以地球为中心的比较远的范围内确实没有适合人类居住的第二个星球。学生在理解中明白了人类要想生存,办法只有一个,那就是要精心保护地球。

情境激趣　提升责任

——《只有一个地球》说课

各位评委、各位老师：

上午好！

今天我说课的内容是《只有一个地球》（第2课时），具体如下。

一、说教材

1. 教材简析

《只有一个地球》一课是义务教育课程标准实验教科书小学语文六年级上册第四组的一篇精读课文。课文从宇航员在太空遥望地球时所看到的景象写起，引出了对地球的介绍。接着，从地球在宇宙中的渺小，人类活动范围很小，地球所用的资源有限又被不加节制地开采、随意破坏等方面，说明地球面临着资源枯竭的威胁。然后，用科学研究成果证明，当地球资源枯竭时，没有第二个星球可供人类居住。最后得出结论：人类的选择只有一个，那就是精心保护地球，保护地球的生态环境。

本组课文都是科普作品。《只有一个地球》在本单元占有很重要的位置。本文的训练重点，也是本组课文的训练重点，即抓住文章的要点，体会文章所表达的思想感情。本文从人类生存的角度，介绍了地球的有关知识，阐明了人类生存"只有一个地球"的道理，说明了保护地球生态环境的重要意义。

2. 教学目标、重难点的确立

【教学目标】

（1）正确、流利、有感情地朗读课文。这是依据新课标培养学生的朗读能力确立的。

（2）理解课文内容，懂得"只有一个地球"的道理。

（3）激发学生的情感，热爱地球，保护地球的生态环境。

为了较好地完成教学目标，我把"懂得'只有一个地球'的道理"作为本课的教学重点。原因是人们缺乏环保意识，普遍认为地球面积非常大，各种资源多，我们开采的资源，对于地球上所有资源来讲，不过九牛一毛，微乎其

微。因此,在引导学生细读课文,交流、讨论的基础上,进一步了解地球上人类活动的范围其实很小很小,地球上的资源有限,无节制的开采和随意毁坏会酿出"生态灾难",威胁人类生存,从而领悟"只有一个地球"的道理,这是非常重要和必要的。

【教学难点】

结合课文体会"我们这个地球太可爱了,同时又太容易破碎了"所表达的思想感情。因为学生对"地球的可爱"和"容易破碎"包含的意思理解模糊,对二者双重性认识不够,包含的担忧体会不到,所以把它确立为教学难点。

二、说教法、学法

基于教学目标的制定和重难点的提出,结合新课标理念,主要采取"自读感悟法""举例法"和小组"讨论法"来完成这一课的教学任务。在学习中我采用了"自读感悟、自主探究、合作交流、实践创新"等学习方式,努力构建开放而有活力的新型语文课堂,始终体现学生是学习的主人,教师是学生学习伙伴中的"首席"。

三、说教学程序

新课标倡导,要激发学生的学习兴趣,创设有利于学生学习的情境。结合学情,我设计了"情境激趣—研读探究—升华情感—拓展迁移"的教学环节。

1. 情境激趣

通过导语,教师要用最佳的手段、最精妙的语言、最短的时间使学生进入学习的最佳状态。课的开始,我设计播放:在茫茫的宇宙中,星光灿烂,地球缓缓映入眼帘(出示宇航员在太空看到的地球美丽的远景图)。同时配上几句诗进行朗诵。这样,给学生以视觉和听觉的感受,让学生初步感受到了地球的美丽。

精美的导入,让学生产生了迫切的阅读期待。我没有设计学生带着问题读课文的环节,因为学生此时兴趣浓厚,他们急于了解地球,走进地球。如果脑海中带着具体的问题反而限制了学生的自由想象,削减了初读课文的收获量。我让同学们读完课文后说说知道了什么,可以是一个词语,可以

是一句话,也可以是自己的一些感受。

学生读完课文后,请他们畅所欲言。此时,我引导他们把目光和思绪投向宇航员在天际遨游,看到美丽的地球而发出的一句感叹:"我们这个地球太可爱了,同时又太容易破碎了!"

2. 研读探究

因势利导,我抛出了一个问题:"宇航员为什么说地球太可爱了?"

这时给学生思考和寻找的时间,让他们默读课文,画出认为地球可爱的地方。学生汇报时有抓住词语的,有抓住语句的。我指导学生充分朗读描写地球美丽的句段,利用个别读、小组读、范读、齐读,读出地球外在的美,既训练了学生的朗读,又加深了学生对地球美丽的理解。在学生充分掌握地球外在美的基础上,我向学生抛出了疑问:"地球的可爱仅仅表现在她的美丽上吗,还有没有别的原因呢?"在这样的启发下,学生们进一步感受到,地球的可爱还因为她的"慷慨""无私"。通过对这两个词语的理解,学生明白了:地球在无私而又慷慨地用她的资源养育着70多亿人口。此时,学生的心里已经泛起了涟漪:地球真是太可爱了。

3. 升华情感

地球这么慷慨无私地哺育着我们,而人类是怎么回报地球妈妈的呢?学生在浏览课文的基础上知道了毫无节制地乱砍滥伐,开采资源,捕杀野生动物等。此时,在学生的心里产生了强烈的反差:地球妈妈慷慨、无私,而人类在肆意破坏伤害地球妈妈。紧接着,播放一组有关破坏地球生态环境的画面,这些例子让人触目惊心,使学生的心灵又一次受到了强烈的震撼。教师用极富情感性的语言,对地球妈妈的可爱,对破坏地球所带来的可怕后果进行阐述。引出来另一个问题:"既然地球上的资源快要枯竭了,我们不要等到那一天,现在就移居到别的星球上去可以吗?"带着这个问题播放人类移居梦想的影像资料,引导学生读课文,我们不能移居,因为科学家已经证明,"至少"在离我们40万亿千米的范围内没有可供人类居住的第二个星球,指导学生理解"至少"这个词语时得出结论:我们想移居的想法是无法实现的。这样人类能够选择的只有一个:"珍爱地球,善待地球,保护地球"。带着这种情感,齐读课文的最后一个自然段。

4. 拓展迁移

为了提高学生的环保意识,我让同学们联系自己的生活实际,交流讨论:"为了保护地球,保护我们美丽的家园,我们应该做些什么?"播放一段保

护资源,变废为宝的"一节电池的作用"课件。请同桌之间讨论设计一条宣传环保的公益广告或宣传画,之后让学生展示一下自己的作品。这个展示的过程,其实是对上面几个环节教学效果的检验,也是对新课标中让学生"自行设计和组织活动"的落实,培养了学生的动手能力和创新意识。最后在教师一番饱含深情的总结中结束:"同学们的声声呼唤已经深深地感动了我,我仿佛看到了地球妈妈那含泪的微笑,让我们为地球妈妈擦去脸上的泪水,一起祝福她:永远美丽,永远年轻,永远安康!"(此时播放音乐:轻轻地捧着你的脸,为你把眼泪擦干……)

四、说板书设计

"只有一个地球",既是本文的课题,又是本文学习的重点。围绕重点,我用"美丽渺小""资源有限""无法移居"几个词概括。在最左边用红色字体板书"可爱",在最右边板书"破碎",左右对称,寓意着她的双重性,提醒人们要保护地球,保护地球的生态环境,人人都有责任,这样巧妙地体现教学难点的突破。整个板书连起来就像一位慈祥的母亲脸庞,正微笑着注视人们,相信在所有儿女悉心照料和精心呵护下,她将会充满活力,青春长驻,永远健康!板书形象、直观,富有人性化、趣味性,既包含了本课的主要内容,突出了重点,又蕴含着作者的深厚情感。

《只有一个地球》教学设计

（第2课时）

【教学目标】

1.默读课文,理解内容,懂得"只有一个地球"的道理,增强爱护环境的意识。

2.体会说明文用语的准确、严谨,学习说明的方法。

3.正确、流利、有感情地朗读课文。

【教学重点】

引导学生懂得"只有一个地球"的道理,增强爱护环境、保护地球的意识。

【教学难点】

对"我们这个地球太可爱了,同时又太容易破碎了"的理解。

【教学方法】

自读感悟法、举例法、讨论法。

【教学准备】

多媒体课件、熟读课文、搜集有关地球的资料。

【教学过程】

一、复习导入新课

上节课我们初步学习了课文,读准了字音,读通了句子,初步了解了课文内容。请同学们回忆一下:课文写了关于地球的哪几个方面的内容?（①地球的美丽与渺小;②地球所拥有的自然资源有限;③人类无法移居的事实;④人类应保护地球）

上节课同学们学习得不错。通过上节课的学习,我们初步了解了地球,知道了她的样子——美丽壮观,但同茫茫宇宙相比又显得非常渺小。她所蕴含的自然资源有限,如果她被破坏,人类根本无法移居到别的星球。正是基于这些认识,作者向人类发出了呼吁——只有一个地球。

作者为什么说只有一个地球呢?这节课继续学习课文,了解其中的缘由。

二、粗读课文,找出本文的主线进行质疑

1. 请同学们快速浏览课文,找出文中写宇航员遨游太空遥望地球时发出的感叹。(生汇报)

2. 大家一起读这句话。(生读)读了宇航员的感叹,你们有什么疑问?(生质疑)

3. 为什么说地球太可爱了,又太容易破碎呢?今天这节课我们就重点解决这个问题。

三、再读课文,理解课文内容

1. 学习课文前两个自然段,感悟地球的可爱

(1)宇航员说地球太可爱了,地球可爱在哪里呢?请同学们默读课文,用横线画出你认为描写地球可爱的语句。(学生画句子,教师浏览)

谁来说说你都画了哪些句子。(生汇报自己画的句子)

我们先看课文的第一句话,谁来读读?(生读)这里的水蓝色"纱衣"指的是什么?(地球表面大气层)

在第一句里,作者抓住地球的哪些方面来写地球的可爱的?(晶莹的球体、蓝色和白色的纹痕、水蓝色的"纱衣")

作者抓住地球的外形特点,寥寥数笔描绘出茫茫宇宙中,一个裹着水蓝色"纱衣"的晶莹透亮的星球,是那样美丽,那样熟悉,那样亲切,字里行间流露出作者对地球的喜爱之情。

让我们把对地球的喜爱之情融入自己的朗读之中,齐读这句话。

(2)作者不但写出了地球的外形美,还直接赞美了地球。齐读这句话(出示句子:"地球,这位人类的母亲,这个生命的摇篮,是那样的美丽壮观,和蔼可亲。")你从这句描写中体会到什么?(地球很可爱)你从哪些词体会到的?(生自由谈)

在生活中母亲带给我们的感觉是什么?(宽厚、仁慈……)为什么"把地球比作母亲"?(地球是人类及万物生存繁衍的地方)

同学们,看作者多会写呀,把地球比作母亲,通俗易懂,说明了地球给予人类生命;把地球比作摇篮,生动形象,说明地球哺育我们成长时的快乐、安

全,告诉人们地球是人类及万物生存繁衍的地方,阐述了地球与人类及万物生存的密切联系。所以作者称,(齐读)"地球,这位人类的母亲,……和蔼可亲"。

为什么说地球是美丽壮观的呢?地球上有哪些美景呢?(生自由谈)

因为地球上有山有水,有湖泊,有森林,有花草树木,有珍禽异兽及聪明能干的人类,整个地球上的景色犹如一幅壮丽山水画,所以说地球美丽壮观。

请同学们欣赏一下我们美丽可爱的地球,请看大屏幕。(出示地球美丽图)

地球这么美丽,我们能不能把这种美读出来呢?(出示句子)自己试试。(找一学生读,注意句中加点词的朗读。范读,齐读)

(3)文中还有没有描写地球美的句子?(生说:在群星……扁舟)

这句话怎样写出了地球的美呢?(生自由谈)

这是个比喻句,把宇宙比作大海,把地球比作扁舟,在一望无际的大海上,漂着一艘小船,远远望去就像一幅画,确实很美。

为什么说半径6300多千米的地球是渺小的呢?(生谈)

这是因为事物的大小是相对的,地球跟人相比,就十分庞大;同茫茫宇宙相比,就显得渺小。如果把宇宙缩小看成学校,那么地球恐怕连一粒微尘也算不上。这么渺小的地球,在茫茫宇宙中小得玲珑,小得可爱,字里行间流露出作者对地球的喜爱之情。

(4)地球的可爱仅仅表现在她的美丽外表上吗?还表现在哪些方面?(无私、慷慨)。从文章第3自然段找找。(学生念:地球是无私的,……慷慨……资源)地球向人类提供了哪些矿产资源?为什么说地球是无私的,又是慷慨的?(生谈)

只要是生活在地球上的人,不分国界、种族、年龄、性别,都在开采使用着地球上所提供的石油、煤炭、金属等矿产资源。今天,这些资源在我们的学习、生活中发挥着巨大的作用,成为人类生存不可缺少的一部分。地球母亲就是这样无私而又慷慨地用她的资源养育着70多亿人口,所以说,地球真是太伟大、太可爱了。

课文共四处写了地球的可爱,没有找全的同学请把它补充完整。(生补充画句子)

课堂实践与方法

2. 学习课文 3、4 自然段,感悟地球的易碎

(1)地球这么无私、慷慨地哺育我们,而人类是怎样对待这位可爱的地球妈妈的呢? 用自己的话说说。(毫无节制地乱砍滥伐、任意开采资源、捕杀野生动物……)

(2)我们知道地球上的资源可以分为两种,一种是不可再生的资源,也就是用完之后就枯竭了;一种是可再生资源,如果保护好是可以循环使用的。那么人类是如何对待不可再生资源的呢? 用自己喜欢的方式,读第 3 自然段。(生读)

通过读本自然段,你明白了什么?(生自由谈)

随着时间的推移,地球上人口的增多,人们对自然资源的用量在逐渐增加。如果人类更加无节制地开采,这些石油、煤炭等不可再生资源将会越来越少,最后枯竭。

(3)目前人类是如何对待可再生资源的呢? 请看第 4 自然段。(出示句子)

地球上的可再生资源都包括哪些?(水、森林、生物、大气)

"本来"应怎么理解? 这句中将这一词去掉行不行? 为什么?(生谈)

"本来"一词体现了作者用词的准确性。它突出了这些资源在原先的时候是可以再生的特点,强调了现在已经不可再生。造成这一后果的原因是——(齐读)"因为人们……生态灾难……威胁。"

同桌互相讨论什么是"生态灾难",举例子说说。(在影片《一个小村庄的故事》里,乱砍滥伐引起的洪灾、沙漠化、酸雨现象……)不光是这些,请同学们看看老师搜集的资料吧。(放录像)

(4)根据课文 3、4 自然段,结合录像及提供的图片,说说目前我们的地球是什么样子的,用学过的四字词语概括。(伤痕累累、千疮百孔、遍体鳞伤……)

(5)课文学到这里,谁来回答我们前面提出的问题:为什么说地球太可爱了,又太容易破碎了?(生说)

因为地球不但外形美丽,而且无私、慷慨地奉献着资源,为人类的生存发展提供保障,养育着人类,孕育着万物,所以说地球真是太可爱了;又因为地球资源有限,人们不注意保护,易造成资源枯竭;如果遭受破坏,易造成生态灾难,人类将无法生存,所以说地球容易破碎。可见地球同时具备"可爱"与"易破碎"双重特点,难怪宇航员遨游太空时会发出"我们这个……破碎

了"的感叹。

3.学习课文5～9自然段,感悟"只有一个地球"

(1)既然地球上的自然资源快要枯竭了,我们不要等到那一天,现在就移居到别的星球上去可以吗?(不可以)科学家给我们提供了怎样的依据?请看大屏幕。(生答:科学家……第二个星球)(出示句子)

大家读读这句话,你知道了什么?(生谈)

"至少"可以换成哪个词?(最少)去掉这个词行不行?为什么?(生答)

"至少"一词准确说明了40万亿千米是目前科学家可以确定的最小范围,也告诉我们这个范围以外的情况,科学家还不确定,体现了说明文用词的精确和严谨。

40万亿千米是多远?这里作者采用了什么样的说明方法?

我们知道太阳离地球1.5亿千米,坐飞机的话二十几年到达。这里的40万亿千米,坐飞机的话需要五六百万年才能到达。这里采用了列数字的说明方法,比较准确地告诉人们,在以地球为中心的比较远的范围内,确实没有适合人类居住的第二个星球。所以——(齐读)"人类不能指望在破坏了地球以后再移居到别的星球上去"。

(2)移居不成,科学家也进行了种种设想,这种设想能实现吗?看录像。

(3)人类要想生存,办法只有一个,那就是要精心保护地球。

齐读最后一段。

四、拓展迁移

同学们,地球只有一个,人类赖以生存的地球只有一个,保护地球,人人有责。

为了呼吁世界上更多的人参与到保护地球中来,国际上把每年的4月22日定为世界地球日。作为一名小学生,我们要自觉加入保护地球的行列。请同桌讨论,每人至少设计一条宣传环保的公益广告,然后全班交流。

小结全文:同学们,让我们积极行动起来,保护地球,保护地球的生态环境,从节约自然资源,保护我们身边的可再生资源开始,从节约一度电、一滴水,爱惜、合理使用每张纸开始。从我做起,从小事做起,从现在做起。相信地球妈妈在所有儿女的悉心照料下,精心呵护下,将会充满活力,青春永驻,永远健康!

【板书设计】

只有一个地球

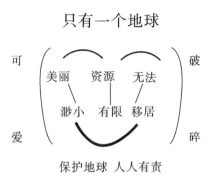

可爱　　美丽　资源　无法　　破碎

渺小　有限　移居

保护地球　人人有责

习作教学

习作教学是小学语文教学的重要组成部分,主要针对第二、三学段学生进行训练,重在培养学生的写作兴趣和自信心。

在教学实践中,许多教师害怕上习作课,无论是学校的"三课"活动,还是各类示范课、优质课比赛,很少选取习作进行研讨。习作教学难,习作课难上,已经成为教师的共识。怎样上好习作课,怎样在习作教学中总结出适应小学生习作的方法和技巧,以激发学生习作兴趣,让学生想写、爱写和乐写,是语文教学追求的一个较高境界。

反思是教师以自己的教学活动过程为思考对象,对自己所做出的行为、决策以及由此所产生的结果进行审视和分析的过程。在习作教学中进行反思,可以有效提高教师的自我觉察水平,增强习作教学能力。这里的习作反思,主要是对习作课堂中教学技能、教学能力、教学活动与教学效果的反思。形式主要是教后记,通过课堂实录和穿插说课内容,补充说明反思的依据和理由。

习作教学有方法、有魅力、有乐趣。只要我们勇于探索,掌握方法,勤于总结,不断反思,一定能够从中体验到快速习作的乐趣,捕捉到快速习作的灵感。

搭建构思骨架　学生有话可写

——以作文指导课《我们的教室》为例

【学习目标】

1.学习抓住事物特点,按照一定的顺序写。

2.学习安排材料,详略得当。

【重点难点】

学习抓住事物特点,按照一定的顺序写。

【教学过程】

　　师:同学们,我们三(2)班是个团结友爱、活泼和谐、积极向上的班集体,大家每天听老师上课,参与课堂讨论,不断成长进步,及时把学习成果张贴在两边墙上的"学习园地",走进我们班级就有一种浓浓的学习氛围。这么好的布置,我们如何以小导游的身份介绍给小伙伴或亲戚朋友呢?(学生脸上露出一种自豪、争先表达的神情)

　　生(急切地):邀请他们到班上来。

　　师:当然好了,那样就会很直观地看到。不过,那么多人,我们都能邀请到教室吗?(生摇头)有没有更好的办法呢?(学生纷纷举手,都想发表看法)

　　生1:写成文章给他们看。

　　生2:编成导游词。

　　师(顺势):我们应该按什么样的顺序来介绍呢?

　　生1:按照方位顺序。

　　生2:我们可以学习《参观人民大会堂》的写法,一边参观,一边按照方位进行介绍,由前到后或由左到右都行。

　　生3:我认为可以先介绍教室的前面,再介绍教室的左右两边,然后看后面的黑板报,最后介绍教室中间的桌凳。(这位学生一边用手势指给大家看,一边有条理地叙说,赢得同学们的热烈掌声)

(教师板书:前面、左右两边、后面、中间)

　　生4:我觉得也可以按照"前面—右面—后面—左面—中间"的

顺序。

生5:我刚好相反,先介绍教室的中间,因为中间书桌最多,也最容易吸引眼球,然后按从前到后,从周围到两边的顺序进行介绍。(同学们纷纷投以敬佩的目光,老师也给他伸出大拇指)

师(微笑着进行总结):同学们真聪明,帮助老师想出了这么多介绍我们教室的方法,我就从中挑选一种顺序(指板书),和大家一起来介绍我们的教室,好吗?

师:请大家抬起头看,墙壁的正上方首先看到的是什么?

生(齐答):国旗。(教师板书:国旗)

师:对,一进教室门,抬头一看,墙壁的正上方挂着一面鲜红的国旗——五星红旗。国旗上有什么? 每当看到国旗,你会想些什么?

生1:镶嵌着一颗黄色大五角星,周围是四颗小五角星。(教师板书:大小五角星)

生2:每当看到国旗时,我就会想起老红军。

生3:会想起革命先烈用自己的生命和鲜血换来今天的幸福生活,我们要珍惜时间,不辜负革命先烈的期望。(教师板书:先烈)

生4:我们要好好学习,不浪费时间。

师:请同学们看,正前方除了国旗,还有什么?

生1:有八个醒目的大字:"尊师勤学、文明健康。"(教师板书:八个大字)

生2:还有一块墨绿色的长方形的磁性黑板。(教师板书:墨绿色、长方形、磁性黑板)

师:谁知道这八个大字代表什么?

生1:这是标语。

生2(高高举手):这是我们学校的学风。

师:你怎么知道?

生:我听姑姑说过。我姑姑是咱学校的老师,有一次我问过她,她说这是学校对学生提出的要求。

师:你真是一个学习上的有心人。她说得对,这就是我们大同街小学的学风,要求我们全体学生做到尊敬师长,勤奋学习,讲文明,讲礼貌,健康成长。(教师板书:学风、做到)

师:磁性黑板的用处是什么?(学生踊跃发言)

生1:磁性黑板的用处可大了,可以用磁铁粘贴图片。

生2:可以在黑板上写字、演算、画画。

生3:也可以把名人名言抄写在上面,让同学们背诵。

师:是呀,老师每天借助黑板教同学们写作文、进行数学练习、画出许多漂亮的画……它就像一扇知识宝库的大门向我们敞开着。(教师板书:图片、教知识)

师:在黑板的前面还有一张普通的桌子,是老师的讲桌,有粉笔、尺子。(教师板书:普通、讲桌、粉笔、尺子)同学们看粉笔像什么?

生1:像孙悟空的魔棒。

生2:像一把打开知识宝库的钥匙。(教师板书:钥匙)

师:同学们真是太厉害了,按照从上到下的顺序,抓住物体的特点,对教室前面这一部分进行了详细的观察。谁能在老师的帮助下,依照板书上的关键词,把这一部分用自己的话叙述下来?

生1:走进我们三(2)班的教室,抬头一看,墙壁的正上方挂着一面鲜红的国旗。国旗上镶嵌着一颗黄色大五角星,周围是四颗小五角星。每当看到国旗时,我就会想起今天幸福生活是多么来之不易,是革命先烈用自己的生命和鲜血换来的。我们要珍惜时间,不辜负前辈的期望。国旗下面还有八个醒目的大字:"尊师勤学、文明健康",这是我们学校的学风,要求我们尊敬师长,勤奋学习,讲文明,讲礼貌,健康成长。字的下面还有一块墨绿色的长方形的磁性黑板,它的用处可大了,可以用磁铁粘贴图片,可以在黑板上写字、演算、画画。老师每天借助黑板教同学们写作文、进行数学练习、画出许多漂亮的画……它就像一扇知识宝库的大门,向我们敞开着。在黑板的前面,还有一张普通的桌子,是老师的讲桌,有粉笔、尺子。粉笔像一把打开知识宝库的钥匙。(师生鼓掌)

师:真了不起,能够这么有条理地抓住教室前面事物的特点有顺序地介绍,真是一位合格的小导游。谁还愿意来说一说,也可以加上自己的看法来介绍。

生2:……

师:刚才我们采用"依顺序、抓关键词"的方法,学会了详细介绍教室前面的特点;运用这种方法,我们再来观察教室的左右两边的特点。四人小组结合,讨论交流:你认为应该抓住哪些物体来写? 怎样写? 一会找小组代表汇报,其他同学可以随时补充。(各小组在组长的带领下模仿板书,在学习单上列出关键词)

师:哪一组愿意分享小组学习成果? (各组成员纷纷举手)

(教师任意挑出第五组到台前汇报)

第五组组长(边说边用手势指向教室墙壁的一边):我们组成员认为,应该抓住窗户、条幅和同学们的作品三个方面来写。(教师板书:窗户、条幅、作品)

生1:窗户可以这样写:教室左右两边各有三扇玻璃窗,每天被同学们擦得干干净净。(教师板书:干净、阳光)

生2:应该抓住条幅写。这样写:窗户边的墙上挂着四个条幅,上面写着"虚心使人进步,骄傲使人落后"等名人名言,激励着我们要好好学习,天天向上。(教师板书:名人名言、激励)

生3:应该抓住各小队的作品写,因为在墙上大块的内容都是学生八个小队的习作、手抄报。可以这样写:条幅的左右两边,展示着我们八个小队同学的作品,有亲手制作的手工,有精心描绘的彩图,还有辛辛苦苦从书、报刊上摘抄下来的优美片段。同学们个个努力学习,你追我赶,争创红星小队。(教师板书:手工、彩图、优美片段、红星小队)

师:还有没有补充?

生4:我来补充:写窗户时可以进行一下想象,如"阳光透过玻璃窗射进来,照得教室亮堂堂的"。

师:哪个组进行一下评价?

生1:他们组配合得好,每个人都有发言。

生2:他们抓住了墙上的作品、条幅和名人名言来说,说得很清楚。

生3:他们的想象力很丰富,也运用了好字好句,听了之后让人真想去看看。

师:同学们真是火眼金睛,一下子就发现了第五组这么多优点,说明你们本身也很了不起。

师:谁能把刚才所说的教室左右两边的介绍连起来说一段话?

自己先看着黑板试着说说,然后分南北两大组来个比赛。(学生按照黑板上的提示和关键词,全身心投入到语言组织中来)

师:我从南北两大组中各选一个代表,看哪一组说得好。

两名同学代表小组说。(师生鼓掌表扬)

(教师再指导学生观察教室后面的"黑板报""中间摆放的桌凳",再引导到"爱这洁净的教室,它是我们成长的摇篮"上面来。)

师:通过观察,我们的教室有什么特点?你们有什么想法?

生1(自豪):宽敞、明亮、干净。

生2(愉悦):很舒服、很开心、很幸福。

师:我们坐在这样宽敞明亮的教室里学习,是多么幸福啊!我们爱这洁净的教室,因为它是我们成长的摇篮。(教师板书:宽敞明亮、幸福、洁净、摇篮)

师:在一篇作文里,我们应该把概括教室的特点内容放在习作的哪里呢?

生1:可以放最后。

生2:可以独立成段,作为文章的结尾部分。

师:介绍了这么多,我们的教室在哪里呢?有必要在文章的开头先介绍一下教室的位置。作为第一部分,我们的教室在许昌市大同街小学教学楼三楼最东边。(教师板书:教室、大同街小学、最东边)

师:中间二、三、四、五自然段是文章的第二部分,具体介绍了教室的布置。其中教室的前面、左右两边最能突出教室的特点,应该详写。(教师板书:详写)其余段略写,这样才能详略得当,重点突出。

小结:这节课我们学习《参观人民大会堂》的写作特点,通过有顺序的观察,抓住了教室的特点,采用快速构思的方法,分三部分来安排材料,表达了同学们对教室的喜爱之情。下节课我们将按照这个构思方法进行快速行文。

【板书设计】

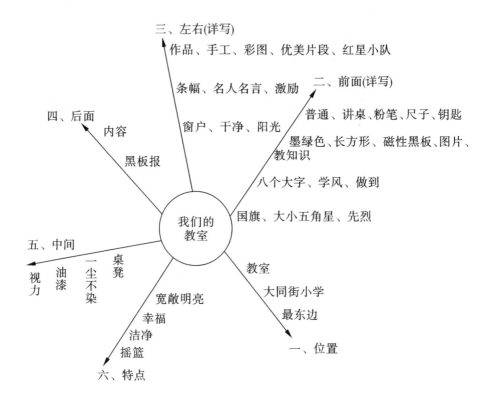

【教学反思】

　　《我们的教室》习作指导课是在学生学习了《参观人民大会堂》一文后，我自行设计的一篇小练笔。小练笔的要求是："认真观察教室的布置，抓住它的特点，按照一定的顺序把它写下来。要通过你的描述，给人留下具体的印象，语句通顺连贯，不少于300字。"新课标指出："观察周围世界，能不拘形式地写下自己的见闻、感受和想象，注意把自己觉得新奇有趣或印象最深、最受感动的内容写清楚。"对于三年级的学生来讲，如何抓住教室的特点，通过有顺序的观察，描述表达出对教室的喜爱之情，是有一定难度的。为了帮助三年级的学生解决"写什么"的问题，我选取了学生天天看到的，最熟悉的教室作为观察对象，让学生有话可说，有内容可写。如何抓住特点有顺序地写出来呢？我采用了快速习作的"空间转移法+关键词"的方法来帮助学生搭建习作构架，让学生有话可说。所谓"空间转移法"就是以空间的转移为顺序构思文章，按照"教室正中的墙上→后面的黑板报→左右两边→

正中的桌凳"(从前到后,从两边到中间)的顺序;也可以按"正中的桌凳→左右两边→正中的墙上→后面的黑板报"(从中间到两边、从前到后)的顺序进行构思,学生的思路很清晰。如何抓住事物特点说清楚、说具体,我采用了按顺序引导、选关键词板书的办法,引导学生从不会说到会说,再到越说越好。如写"教室正中的墙上",选取的关键词有"国旗、大小五角星、先烈","八个大字、学风、做到","墨绿色、长方形、磁性黑板、图片、教知识","普通、讲桌、粉笔、尺子、钥匙"。有了这些关键词,学生马上能够把看到的物体转化成自己的语言,积极参与,踊跃发言,也为下一节课学生快速行文做了铺垫。实践证明,这样的训练,符合三年级学生的认知规律,也是紧扣三年级"由段到篇的过渡"习作要求而设计,是一次很好的读写结合习作范例。

让爱自然流淌在学生笔端
——指导写好《我爱……》

【学习目标】

1. 结合课前收集的材料,了解"爱"的范围,学会审题。

2. 知道抓住事物的特点,写出喜爱的情感。

【重点难点】

知道抓住事物的特点,写出喜爱的情感。

【教学过程】

一、导入交流材料,引出"爱"的话题

生活是五彩斑斓的,生活中处处充满着爱,我们不但要有一颗善于发现美好的慧眼,还要练就一双记录生活美好的手。前几天,老师让同学们选取自己喜爱的内容,收集材料,谁来说说自己都选了什么? 你是怎样收集材料的?

生1:我选的是《我爱妈妈》《我爱校园》《我爱小狗》《我爱台灯》等。

生2:为了写好这篇作文,我亲自收集相关材料(回忆、摘抄、喂、动手做、找资料、询问、看电视等)。

师:要想写好作文,光靠收集材料是不够的,还要紧扣本单元的习作要求去选材、构思、行文。

二、认真审视题目,筛选"爱"的范围

出示这一单元的"习作要求"。

习作要求：

以"我爱……"为题写一篇文章。标省略号的部分自己填,并写出你喜爱的情感。习作前,先确定中心,想好叙述的顺序,列出简要的提纲。写完后,认真读一读,看看是否做到了内容具体,语句通顺,有中心,有条理。如有不够妥当的地方,用修改符号加以修改。

师:这次习作的题目是《我爱……》,看了题目后,你想到了什么?

生1:《我爱……》属于半命题习作,要根据所选择的写作对象,把题目补充完整。

生2:可采用"重点审视法"审题。(教师板书:审题)题目中的"爱"是重点词,也是文章的中心,必须抓住"爱"来写。(教师板书:抓住"爱"写)这里的爱是"喜爱""喜欢""热爱"的意思。

生3:要从"我"的角度去写,写自己的所见、所闻、所思、所感。(教师板书:写"我爱")

生4:所爱的对象可以是人,可以是景,也可以是物(动物、植物、物品)。

(教师板书:爱的对象:人、景、物)

师:刚才××同学选的是"我爱折纸",属于这次习作范围中的哪一类呢?

生:哪一类也不属于。

师:虽然这次习作的选材范围比较广,但还是要对这些材料进行比较、筛选,把那些自己最喜爱、最熟悉、印象最深刻又符合题目要求的内容挑选出来写进文章。

三、分析习作要求,明确"爱"的要点

师:我们在审好题的同时要想快速构思行文,还应该注意哪些要求呢?(教师板书:习作要求)

生1:要抓住事物的特点写,并写出你喜爱的情感。(教师板书:抓特点,写出"爱")

生2:下笔前,要先确定中心,想好叙述的顺序,列出简要的习作提纲。(教师板书:行文前,列提纲)

生3:写完后,认真读读,并用修改符号加以修改。(教师板书:写完后,认真改)

师:(指板书)哪一点是本次习作的写作要点呢?为什么?

第一点。原因有三:①因为许多单元习作要求中都提到后两条,可以看出,后两条是对五年级学生的常规训练,而第一条只在这一单元中提出来了;②从题目上看,我为什么爱呢?那就必须把事物值得爱的特点写出来,表达出自己的喜爱之情;③从本单元阅读训练的重点来看,是体会课文的思想感情,所以这次习作训练的重点是练习把阅读知识用在写作上,表达自己对事物的喜爱之情。

因此,无论是从题目看,还是从本单元阅读训练的重点来看,"抓住事物的特点,写出喜爱的情感"是本次习作的写作要点。

四、挑选适当材料,编写"爱"的框架

师:怎样才能"抓住事物的特点,写出喜爱的情感"呢?请同学们根据自己选的对象进行分组来调整座位,写人、动物的一组,写植物、景物的一组,写物品的一组。然后讨论选取哪些材料列提纲。

1. 指导写人、动物一类的文章

师:请同学们看一份习作提纲,(屏幕)选取写人的同学请注意:

习作提纲
一、题目:我爱妈妈。
二、文章中心:本文通过写妈妈在生活上、学习上无微不至地照顾我这样两件事情,赞扬了伟大的母爱。
三、材料安排:
1. 写妈妈的外貌。
2. 写妈妈细心周到地照顾我的生活。
3. 写妈妈想尽办法来提高我的学习效率。
4. 赞扬伟大的母爱。

师:读了这份提纲,你们有什么感觉?

生:这篇习作写跑题了,文章的题目是《我爱妈妈》,而从提纲里确定的中心和准备的材料看,不是围绕我爱妈妈去表现,而是要写妈妈怎样爱我的。

师:两个习作题目《我爱妈妈》和《妈妈爱我》,它们有什么异同?

生1:相同点:它们都有"爱"字,都表达一种爱的思想感情。

生2:不同点:爱的对象不同。前者必须围绕"我"的情感,表达我对妈妈的爱,要从"我"为什么爱妈妈,"我"怎样爱妈妈上去着笔。后者必须围绕着"妈妈"的情感,表达妈妈对"我"的爱,要从妈妈为什么爱"我",妈妈怎样爱"我"上去着笔。

师:妈妈对我们倾注了母爱,妈妈的确是可敬可爱的,我们怎样做才是爱妈妈呢?

生1:妈妈过生日时送礼物。

生2:生病时帮她做饭。

生3:……

师:同学们都这么懂事,这么爱自己的妈妈,我们要把这些对妈妈爱的事例写进文章里。写动物一类的文章和写人的文章一样,首先要选准描写对象的侧重点,突出"我爱"。(教师板书:突出"我爱")把你与她之间的接触,交往的事例写具体,通过语言、行动、心理等方面的描写,表达你对她爱的情感。

师:这次习作想写小动物的同学请举手,谁说说准备选哪些与小动物接触、陪伴的事例?(学生自由谈)

师:同学们生活中有这么生动有趣的事例可选,再加上语言、行动、心理等方面的描写,写出来的文章一定能够吸引读者,让读者知道你爱它是有道理的,是真心实意的。

2.指导描写景物、植物一类的文章

师:对于描写景物、植物一类的文章,我们必须抓住它与众不同的、值得你爱的特点写。请同学们注意看屏幕:

习作提纲

一、题目:我爱大海。

二、文章中心:

本文以"我"的所见所闻为线索,描写了大海的特点,表达了"我"对大海的喜爱之情。

三、材料安排:

1.去年暑假,爸爸带我去北戴河,我特别兴奋。

2.我来到海边,看到蔚蓝的大海,忍不住下水游泳。

3.到沙滩上捡贝壳,我快活极了。

4.我依依不舍地与大海告别。

师:这份提纲的题目是《我爱大海》,要表达"我"对大海的喜爱之情,应该选哪些与众不同的材料描写呢?

生1:可以描写大海的颜色、在海水里游泳。

生2:也可以写沙滩、鱼、观日出、捡贝壳。

生3:……

师:有这么多与众不同的材料可供选择,作者都选择了哪些材料呢? 请接着看提纲。这篇文章采用了什么方法来构思?

生:这篇文章的作者采用"空间转移法"构思,围绕大海的特点,选取了因旅游与大海接触,蔚蓝的大海吸引作者下水游泳和到沙滩上捡贝壳等材料,表达了对大海的喜爱之情。

师:对,围绕事物的特点,选取新颖的材料,才能表达出自己喜爱之情。(教师板书:围绕特点、选材典型)

3.指导描写物品一类的文章

师:请选择写物品一类的同学谈谈,应该抓住哪些方面进行描写,才能表达自己的喜爱之情呢?

生:应抓住物品的来历、外观特征、用途等描写,才能将其可爱之处展现在读者面前,使人读了引起共鸣。

师:通过学习,我们明白了"抓住事物的特点,写出喜爱的情感的方法:要突出'我爱',围绕特点,选取典型材料"。我们在编写作文提纲时也应该注意这几个方面。(教师板书:编写提纲)

五、交流行文思路,表达"爱"的情感

师:下面请同学们根据自己选的材料,结合刚才老师的指导,采用快速构思法,同桌之间互相说说你是怎样编写习作提纲的,可以用词概括写出。(学生进行交流)

师:找位同学说说你是采用什么方法构思并编写提纲的。

生1:我写的是《我爱我家的小狗》,我采用"分类叙述法"构思。(念习作提纲)

师:从提纲里老师已经感受到你与小狗的感情非同寻常。(写动物)

生2:我写的是《我爱陶老师》,我采用的是"倒插笔叙法"构思。(念习作提纲)

师:此刻陶老师心里非常激动,感到特别幸福,你爱老师,老师也爱你们,爱在座的每一位同学。(写人)

生3:我写的是《我爱夜来香》,我采用的是"分类叙述法"构思。(念习作提纲)

师:她由夜来香联想到具有夜来香品质的人,很不错。(写植物)

生4:我写的是《我爱牡丹花》,我也采用"分类叙述法"构思。

师:从刚才两位同学的提纲中我们明白了,描写植物要抓住它的长势、叶子、花朵、香味、作用等与众不同的特点写,才能表达出自己的喜爱之情。谁还有不同的构思方法、不同类型的文章?

生5:我写的是《我爱校园》,我采用"片段组合法"来构思。(念习作提纲)(写景)

师:(注视着发言的学生)你爱培养自己成长的校园,陶老师仅在营庄小学工作一年多时间,也和你有同样的感觉,深深地爱着这个乡村小学。现在,请同学们依照刚才列的提纲,四人小组内互相说说该如何具体写。(学生小组内交流)

师:找位同学来具体说说你构思的文章,可以说片段,可以说开头、结尾,也可以说全文。

生1:我要写的文章题目是《我爱美丽的校园》,我采用的是"顺其自然法"构思,我想说的是校园冬天的美景。冬天的校园蜡梅独放,傲雪挺立,很美;当然,其他几个季节的景色也不逊色。

生2:我要写的文章题目是《我爱伟大的祖国》,我采用"顺其自然法"和"倒插笔叙法"两种来构思。我想说开头……

师:这位同学的选材非常新颖,开头也很有吸引力,如果在行文时多动一番脑子,多下一番功夫,文章定会写得很棒的。

生3:我要写的文章题目是《我爱〈小学生作文报〉》,我采用的是"分类叙述法"构思。我想说全文……

师:的确是这样,《小学生作文报》不但是同学们的好帮手,也是老师的良师益友。这节课我们通过说材料、审题、分析习作要求、编写作文提纲,厘清了《我爱……》这类作文的写作思路。下一节课我们将快速行文、快速修改,完成"习作要求"中的其他几个方面的任务。

【板书设计】

		爱的对象:人、景、物
《我爱……》指导	审题	写"我爱"
		抓住"爱"写
	习作要求	抓特点,写出"爱"
		行文前,列提纲
		写完后,认真改
	编写提纲	突出"我爱"
		围绕特点
		选材典型

【教学反思】

《我爱……》是九年义务教育五年制小学教科书(人民教育出版社)语文第九册"基础练习6"的习作。在学习了这一单元的课文后,学生明白了体会课文思想感情的方法,但是把它用在习作上还是有一定的难度,这是第七单元"表达自己的真情实感"的基础。"抓住事物的特点,写出喜爱的情感"是这节课的重点和难点,如何让学生的"爱"自然流淌在笔尖,我在设计这节课时注重在以下三个方面着力:

　　第一,在教学设计上呈现梯度。这节课在教学上共分五个环节。①导入交流材料,引出"爱"的话题。课前学生选取自己喜爱的对象,通过观察、回忆、动手做、询问等方法,很容易就能做好习作材料的收集,也为写好这次作文打下基础。②认真审视题目,筛选"爱"的范围。审好题是进行习作的关键,采用学过的快速习作"重点审题法"一下子就能抓住题眼"爱",不但使学生明白写作的重点、范围、对象,而且剔除掉选材中不符合题目要求的内容。③分析习作要求,明确"爱"的要点。通过分析习作要求,让学生明白要写出"爱"的要点在哪里,不至于偏离主题。④挑选适当的材料,编写"爱"的框架。这一个环节是这节课的重点,学生通过前三个环节的学习,基本解决了无内容可写的问题,挑选新颖、典型、独特的材料来写,特别是结合平时学习的不同文体特点构思文章,列出表达自己喜爱情感的详细提纲,是需要下一番功夫的。⑤交流行文思路,表达"爱"的情感。这个环节是教学成效的检验,也是理论到实践,由理解习作要求到写成文章的过渡环节。通过交流,学生已基本达到本节课的学习目标。

　　第二,在语言表达上提供机会。为进一步培养学生的语言表达能力,我在这节课提供四次学生交流、发表自己观点的机会。在汇报收集的资料过程中,让学生自由谈,只要是收集资料的方法都予以肯定。围绕着"我爱"进行审题,学生更是畅所欲言;在比较交流中,学生把自己最喜欢、最熟悉、印象最深的符合本次习作的内容筛选出来。为了更有利于学生表达,我把所喜爱的对象不同的学生进行分组。分组交流习作材料,一方面可以同伴互助、取长补短,另一方面教师可以及时了解学生交流情况,以便有针对性地进行指导。通过四人小组交流习作提纲,学生精彩的开头、漂亮的结尾和清晰的思路都呈现出来,很好地验证了这节习作课对学生语言训练的效果。

　　第三,在快速构思上掌握方法。学无定法,贵在得法。在这一节课中,我注重学生把学过的快速习作方法运用其中,除审题时采用"重点审视法"外,在学生列习作提纲时,我及时提醒学生:"你是采用什么方法构思并编写提纲的?"于是学生谈道:《我爱我家的小狗》《我爱〈小学生作文报〉》《我爱夜来香》采用分类叙述法构思;《我爱陶老师》采用倒插笔叙述法构思;《我爱校园》采用片段组合法来构思;《我爱美丽的校园》《我爱伟大的祖国》采用的是顺其自然法构思。这样,一方面厘清了文章的写作思路,另一方面培养了学生快速构思的能力。由于这班学生是我下乡支教期间,从四年级带的班,根据学生的实际情况,学生对快速构思方法的运用还不够准确、熟练,如果

从三年级就开始训练这种能力,也许效果会更好一些。

这节习作指导课存在着不足之处,如在营造课堂气氛上还不够。这是一节区级公开课,学生没有经历过这样的场面,在发言、交流时都有点拘谨。

由于年龄和认知因素,对自己喜爱的对象,虽然能说出原因,但"爱"的表达不够深入,需要指导学生今后在"写生动""写出真情实感"上下功夫。

抓住学生心理　习作教学更有趣

——以《有趣的斗蛋比赛》为例

学生是富有个性的个体。个体不同,喜好也不同,不同层次的个体又有不同的表达方式。教师要学会抓住学生的心理,尊重学生的个体差异,遵循学生学习的心理特征,创新习作形式,让习作变成一种有趣的游戏或一个有意义的活动,让不同智力发展水平的学生都能自由抒发自己的所见、所闻、所思、所想。在行文中体验到习作的快乐,习作就会变成一件快乐的事情。怎样才能抓住学生的心理呢?结合《有趣的斗蛋比赛》这一习作教学,我认为主要从以下三个方面入手。

一、课前准备需"神秘"

学生有很强的求知欲和好奇心,若老师在上课前有意设置悬念,让学生感受到一种神秘感,然后在课堂上不失时机地揭示出意料之外,又在情理之中的结果,学生恍然大悟后会获得加倍的愉悦。

在习作前,我利用学生的好奇心,让每位学生带来一个熟鸡蛋、鸭蛋或鹅蛋,在蛋壳上面用彩笔画出自己喜欢的人物或动物,还要起一个有趣的名字。学生问我要干什么,我摇摇头,不告诉他们。

同学们带着疑惑,带着好奇,带着猜想,积极准备。课前,同学们用各种各样的彩笔为自己的"蛋"起一个喜欢的名字:"常胜将军""光头强""女中豪杰""齐天大圣""葫芦娃""斗战胜佛"……教室里学生相互探寻,情绪高昂,期待着老师尽快上课。

习作课前,我故意吊学生的胃口,不急于告诉学生答案,而是先出示两个问题:

1.请同学们快速从我们三楼下到一楼楼梯口,然后返回教室座位。接着提问:"我们刚才从一楼到三楼共有多少个台阶?"(因为学生都急急忙忙抢时间,根本没有人注意这个问题,很少有人回答上来)

教师小结:为什么天天看到的东西,却不能准确说出它的数量?这说明看不等于观察。

2.什么是观察呢?(教师出示四种图形)请同学们仔细观察老师手中这些图画,上面画的是什么动物?你是怎么知道的?

（兔子、熊猫、鹅、大象）

教师小结：能看并用脑子思考，这才是观察。一个人只有养成主动观察周围的习惯，不断地锻炼自己的观察力，才能在平凡的事物中有所发现，有所创造。今天这节课我们就来比一比，看谁最会观察，能从不同的角度观察问题，做到想得快、想得多、想得妙。

作为教师，我们要时不时改变一下习作的课前准备方式，故意给学生制造些神秘感或趣味训练，为吸引学生上好习作课做好铺垫。

二、创设情境要有趣

兴趣是最好的老师。人的大脑构造中，兴趣是动力部分中的重要部分，它常常决定着大脑工作时的转速和灵敏度。

如何激发学生对作文的兴趣？我结合九年义务教育五年制小学教科书第八册"基础训练3"作文要求："你一定参加过许多有趣的活动，比如爬山、游泳、钓鱼、放风筝，选择印象最深的一项写下来。可以用活动的名称做作文的题目。写的时候，先想想要表达怎样的中心，写哪样活动，这项活动是怎样进行的，列出提纲，再按一定顺序把活动过程写清楚，还要注意把语句写通顺。采用创设情境法为学生营造一种愉快的、激烈的斗蛋氛围，培养学生和观察能力，引导学生写出真实感。

创设情境是进行情境习作教学的前提。所谓创设情境，就是由教师设计、提供一种具体的生活情境，让学生设身处地感受，在事件发展中诱导学生分析、思考，再把这种感受记录下来。要写活动类习作，就要专门抽出时间和学生一起玩各种游戏，比如在给学生指导"有趣的斗蛋比赛"时，我是这样创设情境的。课一开始："女士们、先生们，大家好！我是主持人陶兰月。今天我们要进行一次斗蛋比赛，由我来担任这次比赛的裁判。比赛规则是：凡是擂台下（讲台是擂台，放有擂台牌）手中有完好无损的熟鸡蛋、鸭蛋、鹅蛋的人员都可参赛。每个参赛选手上台后，首先介绍自己蛋的名字，然后与对方相斗，获胜者便暂时成了擂主。谁在这次斗蛋赛中打败对手的次数最多，谁便是这次斗蛋比赛的冠军。好，比赛现在开始。"在老师创设的情境下，学生跃跃欲试，很快进入斗蛋比赛。第一对选手斗蛋前，我还以裁判员的身份引导他们进行激烈的比赛。比赛中，我故意加入暂时获胜的同学之中，与他一起高兴，用语言激励台下选手上台，把比赛推向高潮。比赛结束，我和所有的学生一起品尝手中的"失败者"或"胜利者"的滋味。在整个活动

情境中,学生被深深吸引,兴致很高。此时我抓住时机,在第二课时及时将兴趣引导到写作上,学生亲自经历了事情的发展过程,掌握了记叙活动的方法,很快写出了具有真情实感的文章。

三、体验成功重方法

学习兴趣与学习效果是紧密联系的,作为学生,每篇习作都希望得到老师、同学的最优评价。苏霍姆林斯基说:"教育教学的技巧和艺术就在于,要使每一个儿童的力量和可能性发挥出来,使他们享受到脑力劳动中的成功的快乐。"为了让学生在习作过程中获得更多成功和满足感,教学上我采用"三法"来设计《有趣的斗蛋比赛》这节课。

"三法"是指竞赛法、交流法、鼓励法。在整节课中,竞赛法贯穿始终。如在斗蛋过程中,选手与选手之间战得难分难解,在第二段指导学生写具体时,谁说得棒,谁便得到奖励。在指导第一、三段的略写时,开展南北两部分学生的集体竞赛。竞赛法大大调动了同学们的积极性,学生始终处于主体地位。

在课中,我还注重渗透交流法的运用。在第二段指导写具体时,我出示屏幕和小黑板,让同学们自己说或同桌提醒说。在彼此交流中,学生打开了思路,通顺了句子。指导第一、三段写法时,让同桌或前后四人小组交流。一方面让全体学生参与课堂中来,另一方面降低了习作难度,很快完成了"把这一段说具体"的任务。

鼓励法的运用,就像本节课的调味品,不时调和着课堂的气氛。我抓住学生希望得到礼物、爱表扬的心理,把绘制的"奖杯"和课前训练的小动物卡片,不时地穿插进教学中,对学生进行奖励,调动了学生学习的积极性,避免了课堂死气沉沉。不知不觉,学生的思维得到了训练,观察能力得到了提升,语言表达也得到训练。

作为教师,要时常学会改变,改变自己的教法,改变自己的思维定势等。要善于思考和创新,善于教给学生学习方法,让每个学生在学习过程中都能找到学习知识的成功感和快乐感。

因此,教师在课堂中要学会"抓心",让习作教学变得有魅力、有趣味,让学生喜欢习作课,学会写作文。

《有趣的斗蛋比赛》课堂实录片段

【教学过程】

一、兴趣引入,明确要求

今天老师带来了金光闪闪的奖杯,谁表现最好就把这个奖杯连同这些漂亮的小动物卡片送给他。

同学们都见过哪些比赛?(拔河、篮球、羽毛球……)

今天老师和同学们一起参加一次斗蛋比赛。(板书:斗蛋比赛)为了锻炼自己的观察力,在比赛中同学们要按顺序、有重点地观察队员的神态、动作、语言及周围的环境,也就是把你看到的、听到的、想到的记到脑海里。(出示牌子:擂台)

二、了解规则,开展比赛

(1)主持人宣布比赛规则。(略)

师:比赛现在开始。谁先上台? 找一位同学在黑板左边按顺序写参赛队员的名字和斗蛋次数,也可以参加比赛。

(2)第一位同学上台挑战,迎战另一名对手。

老师提醒:台下的同学要注意观察台上比赛者的动作、神态,比如,你听到了什么,想到了什么。参与台上斗蛋的两位同学要先介绍自己手中蛋名代表的意思是什么。

老师发令:"预备,开始!"两蛋相撞,失败者下。老师宣布第一局获胜名单。

(3)胜利者继续挑战、迎战。

(4)教师宣布比赛冠军。(若有并列,加赛一次)发奖杯,鼓掌祝贺。

(5)给学生留一分钟时间品尝"战利品"。

三、回顾比赛,指导作文

1. 指导命题,安排材料

师:活动结束了,谁能用一个词语来表达你此时此刻的心情?

生1:兴高采烈。

生2:难过。

生3:很有趣。

师:大家想一想,老师为什么要在习作课上和大家一起进行斗蛋比赛呢?

生1:让我们学会观察。

生2:给习作提供素材。

师:同学们真聪明,这么了解老师的想法。那这篇习作该怎么命题呢?

生1:有趣的斗蛋比赛。

生2:难忘的一节课。

生3:好玩的比赛。

师:这几个题目都很好,从这几个题目可以看出来,这篇习作侧重于活动,活动类习作应该按怎样的顺序写呢?

生:按比赛的先后顺序写,也就是按照快速习作"顺其自然法"来构思这篇文章。具体来说是按比赛前、比赛中、比赛后的顺序分三部分来写。

师:这三部分中你印象最深的是什么?

生:比赛中。

师:是的,这部分应该详写,其他部分略写。

2. 选取典型,指导详写

师:在第一位同学上台前,主持人做了什么?

生:宣布了比赛规则。

师:同学们怎样呢?

生1:急着参加。

生 2:个个跃跃欲试。

师:在所有参赛队员中,你印象最深的是谁与谁的比赛?

生 1:张××和金×。

生 2:俎×战菅××。

生 3:姜××和朱××。

生 4:我和陈××。

师:俎×战菅××后,还有哪些同学参赛?

生 1:李×和俎××,高×和常×。

生 2:还有陈×和金××。

……

师:这些能不能都写进文章?

生:不能。

师:为什么? 那要怎样安排材料呢?

生 1:显得很啰唆,要有详有略。

生 2:其他参赛队员的情况要概括写,略写。把俎×战菅××(自己战××)这部分详写。主持人宣布比赛规则这部分也应该略写。

师:同学们真是越来越棒了,能够运用我们学过的方法安排材料,做到详略得当,同时还能做到有顺序、有重点。

师:如何才能把俎×大战菅××这个重点部分写具体呢? 请同学们一边看幻灯片上的提示(也可以自己根据情况改动),一边参考小黑板上的词语,能用则用,把这些问题的答案连成一句话,检验一下刚才谁在比赛中观察得最认真、最仔细。

温馨提示

这时谁怎样走上擂台? 举起他(她)手中的蛋怎样介绍? 这时谁上台应战? 他(她)又怎样介绍自己手中的蛋? 同学们此刻怎么议论? (这时谁的什么蛋打败了对手,显得更威风了。我怎样想? 怎样走上擂台,向同学们说什么? 同学们有什么反应?)只听老师说什么? 两蛋相撞听到什么声音? 胜利者的动作、神态如何? 失败者的动作、神态怎样?

```
              参考词语
别开生面  愁眉苦脸  有趣  屏息  粉身碎骨  势不可挡
美慕  热闹  大摇大摆  垂头丧气  泄气  奄拉  得意扬扬
跃跃欲试  威武  吆喝  气势汹汹  九霄云外  吸引  激烈
天外有天  人外有人  不耐烦  光溜溜
```

师:同学们请注意:如果你选的是别人之间的比赛,括号里的内容你不管它;如果选的是自己与别人的比赛,从括号部分开始,一直到结束。自己说说,同桌前后可以相互说说。

师:李××,你选的是谁战谁?

生1:我选的是张××和金×。因为他们两个是第一个上去比赛的。

师:好,你来依幻灯片上的提示说说看。

生1:首先,大摇大摆地走上擂台的是张××,他右手举着鸡蛋说:"我的蛋名字叫'孙悟空',大家知道'孙悟空'会七十二变,神通广大,在西天取经的路上降服了很多妖魔鬼怪。意思是说我的蛋就是'齐天大圣',谁敢给我斗?"站在旁边的金×不服气地说:"我的蛋名字叫'葫芦金刚',金刚表示永远打不死的意思。""哈哈……"他的话引起不少同学嬉笑,有的同学说:"金×能赢,你看他的鸡蛋有点大。""那不一定。"大家议论纷纷。陶老师看双方都做好了比赛准备,微笑地注视着两位选手,发布比赛命令:"预备——开始!"只听"啪"的一声,金×由于用力过猛,"葫芦金刚"粉身碎骨了。老师宣布:"第一局张××获胜。"张××兴奋地举着手中的"孙悟空"晃动着,而金×则垂头丧气地走下讲台。

师:李××同学能够抓住两位同学斗蛋的语言、动作、神态说出了比赛激烈的过程,语言流畅、观察认真,奖励一个可爱的小白兔卡片,希望你再接再厉。

老师又找两位同学按照提示说说比赛时的场面。

师:谁说说自己上台参赛的情况?

生1:菅××的"如来佛"已经打败了"孙悟空"和"葫芦金刚"两个对手,正在得意扬扬,我攥着手中的大鹅蛋,大踏步走上"擂台"。"我的蛋名称是'玉皇大帝',专门制服'如来佛'。"我亮出手中的

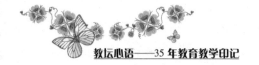

个头特别大的白色蛋。"呀,这么大,肯定能赢。""那不一定。"大家议论纷纷,我的同桌也在给我喊加油。只听陶老师一声"开始",我的"玉皇大帝"安然无恙,而管××的"如来佛"支撑不住,败下阵来。我高兴得手舞足蹈,心想,真不愧为"玉皇大帝"呀,我要把鹅蛋转动一下换个方位,再与下一个选手斗。

生2:……

师:大家说得真好,看来你们已学会了观察,是生活中的有心人。

师:谁能用简练的语言概括其他参赛队员的情况?

生:之后,王××的"小丑国王"又过五关斩六将,接连打败了五个"敌人",直到"女中豪杰"——薛××走上擂台,这位"小丑国王"才退位……

师:由于"小丑国王"在今天的比赛中打败的"敌人"最多,所以斗蛋冠军被王××夺得。(师生鼓掌)

师:谁愿意把比赛中这一部分连起来说说?不用担心,有老师帮你呢。

生:……(奖励一个小动物卡片)

3. 指导写一、三段

(1)一篇文章只写好中间部分是不够的,还要写好开头和结尾。请按老师板书上写的词,北边的同学把比赛前连成一段话,南边的同学把比赛后连成一段话,比比哪边的同学说得好。同桌、前后位可相互补充说。(2分钟左右)

每一大组推荐一名代表来说。(老师把大象和大白鹅卡片送给他们)

(2)谁能把比赛过程连起来完整地叙述一遍呢?(一生说)

小结全课:这节课老师和同学们一起参加了一场斗蛋比赛,并采用"快速习作三段式"来构思,锻炼了同学们的观察力。下节课同学们可以采用快速习作法在40分钟内完成这篇习作,会写吗?(齐答:会)

【板书设计】

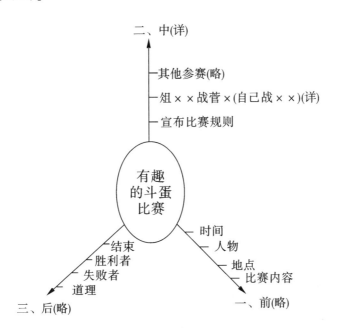

二、中(详)

——其他参赛(略)

——组××战营×(自己战××)(详)

——宣布比赛规则

有趣的斗蛋比赛

——时间
——人物
——地点
——比赛内容

一、前(略)

——结束
——胜利者
——失败者
——道理

三、后(略)

评课提升

评课也称课堂教学评价,是对照课堂教学目标,对教师和学生在课堂教学中的活动及由这些活动所引起的变化进行价值判断。要提高教育教学质量,首先要提高课堂教学质量,就要对课堂教学质量进行评价。客观、公正、科学地评价课堂教学,对探索课堂教学规律,提高教师教学水平和学生学习效果十分重要。

正确的教育思想是课堂教学的灵魂,先进的教育思想是评好课的前提。只有用科学的教育思想、观念和超前意识,去分析、透视每一节课,才能对课的优劣做出正确的判断,才能给授课教师正确的指导。粗略算来,三十多年来我听过的课达五千多节,评课活动参与数百场。校本教研,评课成为抓实课堂教学质量的重要途径;区域主题教研,评课引领教研方向;教研员听课视导,评课帮助教师改进教学方法等。评课内容可以针对教学思想、教材处理、教法学法、能力培养和师生关系,可以采用整体法、片断法、特色法、探讨法、总结法等方法。不管形式怎样,及时有效的评课,有利于深化课堂教学改革,全面推进素质教育。

评课既是教学,也是一门艺术。只有在充分了解任课教师和所在班级的情况,以先进的教育思想及课改理论做指导,以客观、公正的态度进行,才能引领教师相互学习、相互促进,共同成长。

导扶结合趣味浓　说练扎实显真功

——《写好人物动作》课堂教学评析

　　《写好人物动作》是我在河南省小学作文教改观摩研讨会上,听南阳油田实验小学于溟慧老师执教的作文指导课。于老师这节二年级作文指导课追求的是教师引导得法,学生学得轻松、学得愉快。我把这节课的成功之处归纳成一首小诗:

　　　　导扶放手思路清,主动参与趣味浓。

　　　　说练结合构思巧,扎实训练显真功。

　　"导扶放手思路清",是说这节课课堂结构科学合理,培养了学生的逻辑思维能力。为了教会学生写好人物动作,于老师在课堂设计上分三步进行。首先是方法引路。于老师通过换词和"明明写作业"几个片段的比较,使学生明白了要想写好人物的动作,必须抓住三点:一是要准确使用动词;二是要按动作顺序写具体;三是要写出自己的感受。这个环节是在教师的指导下完成的。其次,为了使学生掌握写好人物动作的方法,片段练习的安排不但考虑了二年级学生的特点,还特别注重逻辑思维能力的培养。比如在让学生看完"吹泡泡"的画面后,先让学生选取准确的动词来填空(这是对低年级学生的要求),然后想想这些肥皂泡的形状、颜色,最后让学生把小朋友吹泡泡的过程按顺序连起来完整地说一段话(这便很自然地过渡到段的训练)。这是知识传授过程中"扶"的一个很好的例子。最后,"放"开手来让学生边观察"胖胖吃苹果",边动脑筋想该怎样选用准确的动词按顺序去写。在整个教学过程中,由"导"到"扶",由"扶"到"放",由词到句,由句到段,可谓点点成线,线线成面,一环扣一环,思路非常清楚。

　　"主动参与趣味浓",是指引导学生主动参与教学活动。为了激发学生的参与兴趣,教师首先采用五彩智慧星激发学生的兴趣,然后精心设计了几个片段练习。比如选取了最贴近学生生活的"明明写作业"这个例子。因为写作业每个学生都亲身经历过,体会比较深,所以有利于学生积极思考,探索问题。还选取了孩子们爱玩的"吹泡泡"这个例子。在这里,于老师利用现代化的教学手段,使课堂内容化难为易、变抽象为具体,增加了课堂的直

观性、生动性、形象性、趣味性。通过具有动感的画面，一下子把学生的注意力吸引过来了，他们争着举手谈感受，都想把那有趣的情景讲给老师听，讲给同学们听，充分体现了多媒体辅助教学这一特点。最后，上台来个"胖胖吃苹果"表演，学生更感到新奇。大家目不转睛地盯着胖胖，微笑着欣赏胖胖吃苹果时的一举一动，全身心投入到课堂中来。精心的设计，形式多样的教学方法，不仅培养了学生的观察能力、思维能力，调动了学生学习的积极性，而且发挥了教师的主导作用和学生的主体作用。

"说练结合构思巧"，是指这节课不但培养了学生的语言表达能力，还有利于消除学生对作文的畏惧情绪。例如，在学生看完吹泡泡的画面后，先让学生找出准确的动词填空，然后加上自己的感受，说一说整个吹泡泡的过程。在说的过程中，一方面培养了学生用词的准确性，另一方面也培养了学生说话的条理性和完整性。为了验证学生学习的效果，教师有意安排了写一个片段的任务。这对于低年级学生来讲，既减少了初写作文时的难度，消除了学生对写作文的畏难情绪，又符合低年级学生边学边说边练的特点。

于老师这节课还有一个突出的特点是"扎扎实实"，我用"扎实训练显真功"这句话来概括。这节课按照常规教学的思路，先引题，认识动词，再交给学生写话的方法，最后通过两个练习达到本节课的教学目的，一步一步，扎扎实实地教会学生写好人物动作。这样做既符合作文大纲要培养学生用词造句、连句成段的能力，又培养了学生听、说、读、写等方面的综合能力。另外，我觉得用"扎实"一词来形容于老师本人也很准确。她的基本功扎实，表现为普通话标准、粉笔字规范、评价准确；课更是上得稳稳当当，实实在在，没有那种"雾里看花"的感觉。

《写好人物动作》课堂教学实录片段

执教教师:河南油田实验小学　于滇慧

【教学过程】

一、方法引路

1.导入

同学们欢迎新老师给大家上课吗？用什么动作表示呢？

人物的动作是人物思想的表现,写好人物动作可以突出所要写的人,今天我们就来学习如何写好人物动作。

2.认识动词

教师做"拿、放、转、写"等动作,认识表示动作的词语是动词,写人物必须使用动词。

3.方法指导——准确使用动词

(出示描写"明明写作业"的动作语句)

> 明明从书包里掏出课本,开始写作业。

师:同学们,这句话用了哪几个动词？

生:掏、写。

师:如果把句中的"掏"换成"翻"怎么样？

生1:也可以。

生抢答:不行。

师:为什么不行？

生1:"掏"是把课本从书包里拿出来,"翻"有乱的意思。

生2:"掏"有点动作小,"翻"有点急躁的意思。

生3:"掏"是有顺序地拿。

师:同学们特别会思考,"掏"看来是不能换成"翻"的。因为动词不一样,表达的意思就不同,我们在说话、写句子时也要准确使用动词。

4.方法指导——按动作顺序写具体

（出示描写"明明写作业"的动作片段①）

> 明明从书包里掏出课本，轻轻翻到一篇课文，先认真地读了一遍。接着，他拿起铅笔，想了想，在书上画了画。然后，打开作业本，开始写作业。

师：这段话用了哪些动词？

生1：掏、翻、读、拿、画、写。

生2："想"和"打开"也是动词。

（教师根据学生说的情况，及时在电脑屏幕上把动词加上着重号）

（生齐读一遍，注意突出动词）

师：同学们都有一双发现知识的慧眼，一下子就找准了这段话中所有的动词，此处应该有掌声吧。（学生脸上露出喜悦的表情）

师：从这段话能了解到明明写作业的态度和习惯如何？

生1：很好。

生2：明明学习态度认真，他一边读一边想，还在书上画。（师点头认可）

生3：他有好的习惯，翻书时候是"轻轻"的，还很有顺序，先读书，接着拿笔在书上画，然后写作业。

师：同学们很会学习，看来我们班的同学和明明一样有这样的好习惯。

师：如果变换动作顺序行不行？为什么？

生1：不行。一换顺序，就乱了。

生2：不行。换了顺序，句子的内容就不一样了，也说不清楚了。

师：看来我们要把明明写作业这个事写清楚，除了需要准确使用动词，还要按动作顺序写具体，才能给人留下深刻印象。

5.方法指导——写出自己的感受

（出示描写"明明写作业"的动作片段②）

> 明明从书包里掏出课本,轻轻翻到一篇课文,先认真地读了一遍。接着,他拿起铅笔,想了想,在书上画了画。然后,打开作业本,开始写作业。哦!原来明明写作业之前都要把当天的功课复习一遍呀!怪不得他的作业每次都得"优"。

师:我请一位同学读前三句话,一位同学读斜体字内容。(生读)加上了由明明写作业的一系列动作而产生的想法,效果怎么样?

生1:明白了明明学习好的原因。

生2:写出了明明得"优"的原因。

生3:写出了作者的感受。

师:通过刚才同学们的共同学习,我们知道了要写好人物动作的方法是:准确使用动词;按动作顺序写具体;写出自己的感受。

二、指导练习

描述一位小朋友吹泡泡的动作。

1. 看吹泡泡的动画

师:同学们,屏幕上的小朋友正在干什么?

生(齐答):吹泡泡。

师:小朋友是如何吹的呢?

2. 边做动作边讨论括号里填什么动词

师(出示近镜头):这里应该填写哪个动词?

> 左手(　　)装肥皂水的杯子。

生1:拿着

生2:握着

生3:端起

师:从动态看小朋友手的样子,哪个词最准确?

生:我觉得"端起"准确,因为"拿着"是表示这个杯子一直在手中,"握着"有紧紧拿的意思,图上小朋友的手比较小,怕肥皂水洒了,所以看着有点小心。(大家不由自主地鼓掌)

师(填空"端起"):恰当的"端起"写出了小朋友端杯子时的小心翼翼。

教师一边出示画面,一边选取动词填在括号内。

> 左手(端起)装肥皂水的杯子。
> 右手(拿起)一个空心管。
> 在肥皂水里(蘸)了(蘸),(放)在嘴边轻轻一吹。

3.看"吹出泡泡"的画面,说说自己的感受

生1:泡泡被小朋友吹得像一个大皮球那么大,飘在空中真漂亮。

生2:泡泡越来越大,在太阳光的照射下五颜六色,我也想玩。

生3:一个大泡泡,连着一群小泡泡,风一吹全没影了,真有意思。

生4:一个椭圆形的泡泡在空心管一头就出现了,瞬间就破了,再吹再破,好玩极了。

4.把动作和感受连起来说一说
(教师引导学生给画面上的小朋友起个名字,边出示画面,边连成一段话。)

生1:小霞左手(端起)装肥皂水的杯子,右手(拿起)一个空心管,在肥皂水里(蘸)了(蘸),(放)在嘴边轻轻一吹,一个椭圆形的泡泡在空心管一头就出现了,瞬间就破了,又吹一个又破了,好玩极了。

生2:小丽左手(端起)装肥皂水的杯子,右手(拿起)一个空心管,在肥皂水里(蘸)了(蘸),(放)在嘴边轻轻一吹,泡泡便形成了。一个大泡泡,连着一群小泡泡,风一吹全没影了,真是有意思。

……

三、写片段练习

1.看"胖胖吃苹果"表演,重点观察表演者的动作。

2.运用所学方法自己写片段。

3.教师点评。

小结:写好人物动作是作文的一项基本功,希望同学们勤观察、勤读书、勤练笔,提高自己的写作水平。

【板书设计】

写好人物动作 { 1.准确使用动词 2.按动作顺序写具体 3.写出自己的感受

打开课程改革的一扇窗

——《一去二三里》课堂教学评析

这节课是我在 2003 年许昌市小学语文课改阶段总结展示会上,听宋明娟老师执教的义务教育课程标准实验教科书语文一年级上册识字(一)的第一课《一去二三里》。这是结束拼音教学的第一节识字课,内容是借助一首童谣和一幅图,认识 10 个汉字,认识田字格,认识笔画"一"(héng),会写"一""二""三"3 个字。怎样运用新理念创新识字教学,这节课给我们提供了一些值得借鉴之处:

一、确立综合化的目标

新一轮的基础教育课程改革,要求教学目标要从"知识与技能""过程与方法""情感、态度与价值观"三个维度来设计,要转变以往只重视知识技能的单一目标设计观念。宋明娟老师这节课,在目标确立方面考虑得较为全面。我们可以看到认识 10 个字,写 3 个字,关注的是知识目标;创设的认数、读童谣、看图、写字情境,关注的是在过程中发现识字方法、获取写字方法;运用多媒体营造美读、游戏的欢快氛围,关注的是热爱汉字、乐学汉字的情感与态度。三维目标的设计,立足的是学生语文素养的培养,关注的是学生的全面发展。

二、引导学生自主学习

新课标指出:学生是学习和发展的主体。主体如何体现,关键在于教师是否提供机会和引导方法,其中后者尤为重要。在宋老师这节课中,不少地方引导得恰到好处:

(1)你们是怎么认识这些汉字的?
(2)想让老师领着读呢,还是借助拼音自己读会它呢?
(3)大家读读诗,看看画,想一想都明白了什么……
(4)想和老师比赛吗? 自己先试一试吧。

这样的引导是利用谈话、图文对照和比赛等形式,在过程中发现方法、

体验方法,为自主学习奠定基础。从另一方面讲,学生自主学习还要靠教师提供空间。这一课,从数字导入初步识字到复习巩固,从读准童谣字音到指导美读,几乎没有教师教的痕迹;教学过程中,学生实践、体验的机会较多,看、说、读、评、练、写的活动,都是在教师引导点拨下自愿、自主进行的;学生自主学习的意识强,并且有方法,有兴趣,有成效。

三、发挥评价多功能作用

新理念下的课堂,评价主体不但有教师,也有学生。评价主体的关系不再是教师评价学生,而是师生互动关系。评价的功能不只是评判学生学习的得失正误,还要评价方法、情感、态度等诸多方面,这样多个主体、多方面评价,能有效地促进学生的发展。在这节课里,宋老师在评价形式上尝试让学生积极参与,进行自我评价(让学生发现自己写得最好的字,并进行肯定),对同学评价(在学生读童谣后教师引导:他读得怎么样),对老师评价(老师问:我读得怎么样),这样的多元评价使学习过程生动有趣。另一方面,宋老师在评价时非常讲究语言艺术。有人说,好学生是评价出来的,好孩子是夸出来的。面对学生的个性差异,宋老师的评价语言立足于学生的终身发展(如对读童谣学生的称赞:敢于向老师挑战,是好样的,真勇敢!),这样的评价为培养孩子成为挑战型、勇敢型人才打下基础。同时,教师的评价还立足于面向全体,用欣赏、学习的心态,参与学生的成长,促进了每个学生语文素养的提升。

四、培养学生的"发现"意识

变革学习方式,就是要转变被动性的学习状态,把学习变成人的主动性、能动性、独立性不断生成、张扬、发展、提升的过程。培养学生的"发现"意识,在这节课中就体现得比较好。如在指导写字时,老师引导:"你认为自己哪个字写得最好看?"这样设计,目的是让孩子通过自己的眼睛去观察、去比较,从而培养他们的判断能力和探究意识。"在动画片里找一找今天交的汉字朋友,如果你发现了,就喊'停',老师就定格下来,看谁发现得最多。"这样的引导,达到了学以致用、活用教材、超越教材的效果。

五、提高学生的审美情趣

新课标把"培养学生健康的审美情趣"作为"语文教学的重要内容",同

79

时强调应该"注重熏陶感染,潜移默化,把这些内容渗透于日常的教学过程之中"。这一点是宋老师做得最成功的,她的每个教学环节都有美的渗透。"兴趣导入,初步识字"环节中教师评价:声音很好听,真响亮,引导学生从美的角度读准汉字。学习童谣"图文结合,了解诗意"环节,教师引导学生观察这幅风景优美的图,让学生在观察中感悟大自然的景色美和我们的生活美;"指导朗读,感悟语言"环节,教师由小山村的美引导到这首童谣也可以读得很美,目的是让学生感悟童谣的节奏美,提高学生的审美情趣;"指导写字"环节,教师让学生发现自己写得最好的字,达到让孩子初步感受汉字的形体美的目的。因此,宋老师扎扎实实的课堂教学,全面体现了小学语文新课程改革的新理念、新教法,为课改打开了一扇窗。

《一去二三里》课堂教学实录片段

执教教师:许昌市健康路小学　　宋明娟

【教学过程】

一、兴趣导入,初步识字

1. 教师做个数字游戏,让学生猜一猜(2 和 8)。

2. 今天开始和汉字交朋友,它们也有"一二三四五六七八九十",今后读故事,写故事都要用到它们。

3. 先自己认一认。

4. (指名读)你们是怎么认识这些汉字的?

(看拼音、生活中识字)

5. 还有其他方法吗?

6. "四"和"十"这两个字音有点像,谁能分清它们?

二、学习古诗,了解内容

出示童谣,老师书写课题,齐读题目。

1. 初读童谣,读准字音

(大屏幕显示童谣:一去二三里,烟村四五家。亭台六七座,八九十枝花。)

师:这就是那首童谣,说一说共有几句。

生:四句。

师:想让老师领着读呢,还是借助拼音自己读会它呢?

生(个别生小声):自己读。

师:遇到不认识的字怎么办?

生:问同学、问老师。

(生自己尝试读,教师俯下身子听学生读的情况)

师:谁会读了?(教师指屏幕)老师给你指着字好吗?其他孩子认真听,一会儿给他评一评。

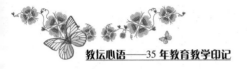

一生读。

师:他读得怎么样?

生1:他读得很好听,声音很大。

生2:他读的没有错字。

生3:他读的每个字都很清楚。

师:你能不能像他一样读得好,读得流利、清楚?

一生读。

师:读得真好听。谁还愿意读读呢? 大家一起来吧。(齐读)

2. 图文结合,了解诗意

(1)有个画家根据这首童谣画了一幅好看的画(屏幕出示),同学们看到了什么? 练习说一说。

(2)指名学生按顺序说完整句子。

(3)仔细看这幅画,它还能帮助我们了解童谣的意思呢! 大家读读诗,看看画,想一想都明白了什么,想好了就跟同桌说一说。

(4)同学练习说,其他同学及时补充,教师表扬。

3. 指导朗读,感悟语言

师:大家想不想到诗中写的地方游一游呢? 老师给你们当导游,描述那里的风景,你们当小诗人读诗,好吗?

生(兴奋地):好!

师:走到哪里,看到什么情景就读出那一句的描写。好! 出发……

师:在一个阳光明媚的星期天,我们开车来到了郊外,沿着一条弯弯曲曲的小路走了二三里,来到了一个小村庄。

(屏幕出示)

生:一去二三里。

师:快来看呀! 前面有几幢房子,住着几户人家。

生:烟村四五家。

师:热情好客的主人请我们去爬山,我们蹚过一条小溪,爬上了一个又一个山坡,好美的景啊! 看,前面有几个亭子,快来休息休息吧!

生:亭台六七座。

师:坐在亭子里,放眼望去,满山遍野草木茂盛,到处开满了五颜六色的鲜花。

生:八九十枝花。

师:小山村美吗?

生:美。

师:我们也可以把这首童谣读得很美,先听老师来读。(配乐)

师:我读得怎么样?

生1:声音很好听。

生2:读得有感情。

生3:读得很美。

师:想和老师比赛吗? 自己先试一试吧。(生练习读)

师:谁愿意读一读?(少部分学生举手)

师:敢于向老师挑战,是好样的,真勇敢!

一女生读。

师:你读得这么流畅,还很有感情,老师仿佛看到了郊外小山村美好的景色,五颜六色的鲜花竞相开放,真是太美了。如果能把"八九十枝花"中的"十枝花"读得再慢些就更好了。

师:还有谁也愿意读一读呢?(大部分同学举手)

一男生读。

师:你真会读书,不但有感情,吐字清晰,而且声音很好听,你把大家带入了一个美的画面中,掌声送给他。

师:大家还愿意读吗?(全班同学都举了手)那我们就美美地读读吧。

学生(沉浸式的)一齐美读。

四、复习巩固,指导写字

1.老师带领学生用字卡做游戏,教师说:"我是几?"学生赶快找到卡片,举起来说:"我是几?"学生接读"我是三""我是一""我是八"。(课堂气氛活跃,学生积极参与)

2.认识田字格,中间有一条横线,叫横中线,竖着的这条线叫竖中线。

3. 书写汉字"一",知道它在田字格中的位置。

4. 指导书写"一",描红一个,再写两个。(教师巡视,提醒学生书写姿势做到"三个一")

　　师:请写完的同学执笔坐直,你认为自己哪个字写得最好看?到前面给大家展示一下。(学生踊跃举手,老师挑选了两位)

　　生1:我第二个"一"写得最好看。

　　生2:我是第一个"一"写得好。

　　师:这两位同学很有自信,让我们听听其他同学的意见吧。

　　生3:我也觉得张×的第一个"一"写得好,第二个"一"字有点小了。

　　生4:李××的第一个"一"写得有点斜了,要是直一点就好了,不过比我写得好。

　　师:同学们真是太谦虚了,那我们就在书上再写一个,好吗?

　　生:好。

　　生都写得很认真。

五、拓展延伸,生活运用

1. 请同学们看动画片,在动画片里找一找今天交的汉字朋友,如果你发现了,就喊"停",老师就定格下来,看谁发现的最多。(学生兴趣高涨)

2. 不但动画片里有我们学过的汉字,大家能否从现在坐的教室里,发现今天学习的汉字?(学习栏内、教室前的标语中)

　小结:生活中处处有汉字,只要留心,就会交到更多的汉字朋友。

落实目标　体现"三实"

——《威尼斯的小艇》课堂教学评析

这是在魏都区小学语文主题教研活动上，我以指导教师的身份，听兴华路小学吴冰老师执教义务教育课程标准实验教科书语文五年级下册第八单元26课《威尼斯的小艇》的阅读教学研讨课。《威尼斯的小艇》是美国作家马克·吐温的一篇清新隽秀的散文，文章以轻快的笔调，灵活多变的语句，展示了异国风情和小艇的重要作用。吴冰老师这节课是以突出目标为重点的研讨课，为了让大家更清晰地了解教学目标在教学流程中的落实，吴老师选取了《威尼斯的小艇》第1课时进行设计，供大家参考。

我觉得这节课在落实目标上体现了三个"实"，分别是朴实、扎实和真实，没有花架子，引导学生一步一步走进文本，表现在以下几个方面。

一、落实教学目标

前一段时间，我以"谈小学语文阅读教学目标的实施策略"为题进行过专题讲座，大家已经知道了教学目标的正确叙写要体现四要素（由四个部分组成）：行为主体+行为动词+行为条件+表现程度。强调目标越具体，越便于在课堂教学中落实。这节课吴老师设定了三个教学目标，从数量上看是比较合适的。从内容上我们来分析一下。（注：本课三个目标中的行为主体"学生"都省略了）

---

1. 通过自学，正确认识6个生字及新词，正确、通顺地朗读课文。
　　条件　　程度　　　行为动词　　　　程度　　　行为动词

2. 默读课文，能够厘清课文层次。
　　条件　　程度　　行为动词

3. 自主学习2、3自然段，准确了解小艇的特点，初步领悟作者抓住事
　　　条件　　　　　程度　　　行为动词　　程度　　　行为动词
物特点进行描写的表达方法。

正因为作者心中有目标，对目标的要求定位很清晰，本节课才会始终围

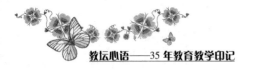

绕教学目标进行有效活动。通过多种学习手段,吴老师圆满完成了这一课时的学习任务。

二、体现"自主、互助、实践"三法则

许昌市魏都区进行的"351"课堂教学模式,指的是"三法五环一评"教学法,其中的"自主、互助、实践"三法在这节课中得到了很好的展现。比如课前老师让同学们搜集有关威尼斯的资料,学生可以采用自己喜欢的方式进行搜集:从书上找、从词典里查、从别人口中了解,还可以上网查找。在这个过程中,学生的自主意识,特别是实践能力得到了提高。在挑战"读课文,我最棒!"环节中,教师让学生挑选自己喜欢的段落来读课文;在学习第 2 自然段时,让学生采用自己喜欢的方式读课文;在体会比喻句时,采用征求、询问的口吻来读。这样引导学生,体现了学生的意愿和自主参与意识。互助的法则在课堂上表现得很充分,表现为生生互助、师生互助、挑战中互助、交流中互助等。学生回答问题不完整,教师及时补充;学生朗读课文的情况,让别人去评价,评价的过程就是互助的过程,也是实践的过程。学生就这样在一次又一次的互助中成长起来。

三、以读促思,以读促悟

新课标中强调读中理解、读中体会、读中感悟,让学生充分地阅读。在这节课中,吴老师采用默读、齐读、赛读、自由读、挑战读等多种形式,让学生在读中感知课文内容,在读中厘清课文层次,在读中品味语言文字的魅力,在读中感受异国的风情。如采用挑战读,不但读准了课文字音,读通了语句,还对课文内容有了初步的了解。通过默读,厘清了本文的段落结构特点:课文围绕"威尼斯的小艇这个主要交通工具",分三个部分写了小艇的样子、船夫的驾驶水平和小艇的作用。在感悟小艇的特点时,抓住几个比喻句进行品读,在品、评、悟的过程中,感受了小艇的这些特点都与威尼斯的河道有着密切的关系。

四、激发兴趣,培养自信

自信是走向成功最基本的条件。我们兴华路小学片区的学生,80% 以上属于进城务工或者做生意家庭的子女,父母忙于生计,对学生的学习关心不够,学生的自信心有点儿不足。吴老师深入了解学情,对学生自信的培养

教育做得很好。对于大多数教师来讲,教学研讨课一般不会选取第 1 课时,因为第 1 课时很难展示出自己教学的技艺和水平,很难设计出亮点,而吴冰老师将高年级的课外预习和低年级的挑战二者巧妙地结合起来,从课外引导到课内,以两次挑战"生字词,我认识!"和"读课文,我最棒!",评出预习小明星,让学生在学习过程中体验成功,培养自信。

五、重视积累,培养学生语言表达能力

语文教学要注重语句的积累,课改的方向是"读得进、记得住、用得出"。吴老师这节课有两个环节体现出来:每天上课前一分钟,全班学生都将本周要求会背的一首诗齐诵一遍,一周 9 节课背诵 9 遍,加上晨诵、每周二下午一节经典诵读课、每天上下午放学背诗离校,一周内全班学生都能将这首诗背得滚瓜烂熟。目前,这个班的大部分学生能背诵诗词 60 首以上,少则也能背30 多首。因此,课前背诗是吴老师常规积累的一个方法。这节课的最后一个环节——让学生及时抄写好词好句,也是积累的一种方法。这些都为提高学生的语言表达能力和习作水平做好了准备。

每节课都不可能十全十美,对于这节课我想提两个建议:

一是教师的语言评价可以再丰富些。若采用一些具有亲和力、激励性的语言,带领学生走进美丽而有魅力的异国风情,课堂的气氛会更加活跃。

二是时间把握需再恰当些。第一个教学目标完成的时间有点长,若适当压缩,后面就不会拖堂。

当然,课堂教学是一种具有缺憾的美,正因为它的缺憾美,才吸引更多的教育专家和学者深入探讨和挖掘。

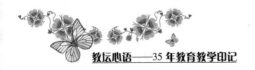

《威尼斯的小艇》教学设计(第1课时)

执教教师:许昌市兴华路小学　吴冰

【教学目标】

1.通过自学,正确认识6个生字及新词,正确、通顺地朗读课文。

2.默读课文,能够厘清课文层次。

3.自主学习2、3自然段,准确了解小艇的特点,初步领悟作者抓住事物特点进行描写的写作方法。

【教学重点】

教学目标1、3。

【教学难点】

了解小艇是威尼斯重要的交通工具,进而感受威尼斯的风土人情。

【课前准备】

教师:认真备课,查找相关资料。

学生:收集有关威尼斯的图片、视频。

【教学过程】

一、出示课题,齐读题目

今天,老师将带领同学们一起学习美国著名作家马克·吐温写的一篇教文《威尼斯的小艇》,请同学们齐读课题,伸出手指和老师一起书写课题。

二、检查复习,读准字词,明确目标

1.交流课前收集的资料

课前,老师让大家收集有关威尼斯的资料,请同桌之间交流一下,然后我找同学汇报。(学生自主交流)

指名请三位同学进行交流。

2.教师出示威尼斯资料

今天,老师也给大家带来了一些资料,同学们从图片上看,你们知道了什么?

学生自由谈。

教师简介威尼斯(地理位置、各种各样的桥梁……)

3.认读生词

课前,老师还让同学们预习了生字词,下面我考一考大家,敢于挑战吗?

(出示挑战一:生字词,我认识!)

指名读、挑战读、齐读。

指导易写错的字"翘、祷、舱、艇",学生在练习本上写两遍,写完后,同桌互相检查。

4.初读课文,读准字音

生字,同学们预习得不错,课文读得怎样呢? 请打开课本,我们进行第二次挑战。(出示挑战二:读课文,我最棒!)我们将评出预习小明星,标准是:读得正确、通顺,声音响亮。请用自己喜欢的方式来读一读课文吧。

指名学生读最喜欢的段落,学生评价,推出"预习小明星"。

5.质疑,确定目标

课前,老师让同学们边读书边思考,提出有思考价值的问题,想好了吗?

学生交流。

教师归纳,这节课我们要完成哪些目标呢?(出示学习目标)

> 学习目标:
>
> 1.认识生字词,正确读课文,做到字音正确,句子通顺。
>
> 2.默读课文,初步理解课文内容,厘清文章的层次。

请同学们自由读一读。通过刚才对预习情况的交流汇报,我们已经完成第一个目标,接下来我们着重完成第二个目标。

三、初读课文,厘清层次

下面请同学们默读课文,看课文是围绕哪句话来写的,作者是从哪几个方面来写小艇的。

(1)学生默读思考。

(2)教师组织交流并板书。(威尼斯的小艇:样子、驾驶水平、作用)

四、再读课文,学习第2、3自然段

(1)出示画面,学生描述小艇的样子。

（2）作者是如何描写小艇的呢？请同学们采用自己喜欢的方式读一读课文第2段,看你明白了什么。

学生明白了小艇的样子,小艇很长、很窄、很深。

你从文中哪些句子明白的?

学生读句子。

作者是如何写小艇的样子的呢?

交流时抓住两个比喻句,感受其妙用。

（比较句子）

①长、窄、深。

②两头翘起:弯弯的月亮。

③轻快灵活。大家见过"水蛇"吗?它是怎样游的? 谁来演一演?

（学生试演）

（3）作者描写得很精彩,同学们体会得也很精彩。如果能把它读出来,让人听了仿佛小艇就在眼前,那就更加精彩了。谁来试一试?

学生读,生评价,齐读。

（4）自由读第3段,坐在小艇里是什么感觉?

指名交流。（舒适、惬意）

从哪里感觉出来的?

生谈。

　　星期天上午,我坐上（　　）小艇,去（　　）,小艇行动（　　）,穿过（　　）石桥,大约又走了（　　）,又看到（　　）石桥。我打开窗帘,望望耸立在东岸的（　　）,碰上一群急匆匆上班的（　　）乘坐（　　）小艇:"（　　）您早!"

坐在舒适的小艇上,穿梭于古老的水城威尼斯,你会看到什么? 听到什么? 说些什么? 想些什么? 同桌互相说一说。

学生练习说话。

有感情地朗读这一段。

五、回归整体,谈收获

同学们,威尼斯的小艇给你留下了怎样的印象? 同学们,本节课你们有什么收获?

六、布置作业

把本课中的好词好句抄写在积累本上。

【板书设计】

威尼斯的小艇→驾驶技术(高超){→样子(可爱)
→作用(离不开)

↓

(主要交通工具)

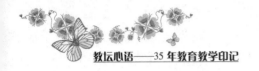

让美在"真"而"活"的课堂中生成

——《生命　生命》课堂教学评析

在魏都区小学语文送教下乡活动中,我共听了三节课,分别是许昌市古槐街小学陆发琴教师、郊区裴山庙小学翟丽老师、碾上小学郭喜丽老师各一节,之后根据教研室安排进行集中评课。三位老师的课上得都很好,各有千秋,这里我仅选陆发琴老师的《生命　生命》一课做简要评析,以体现评课的方法。

《生命　生命》是一篇书写人生感悟的好文章,课文短小精悍,语言简洁朴实,但思想含蓄深邃,特别是理解三个事例中蕴含的道理有一定的难度,加上学生年龄小,要体会出作者表达的积极进取的人生态度"一定要珍惜生命,绝不让它白白流失,使自己活得更加光彩有力"这种复杂的情感是比较难的。而陆老师教得相当成功,让我们看到了"实"而"活"的语文教学,看到了真实的、发展的课堂。

一、准确

教学目标定位准确。陆老师在处理教材时,紧紧围绕本课的四个教学目标进行设计,并且把引导学生领悟三个事例中蕴含的道理,作为本节课的重难点。共分三步进行:①在学生初读课文的基础上,整体感知文本写的主要内容,共写了几个事例,很自然地引导学生从整体上把握课文的内容和写作思路;②让学生找出自己感触最深的事例,反复品读,指导学生逐渐领悟其中蕴藏的思想;③抓住写得精彩、含义深刻、最能表达作者感情的语句,反复诵读,并让学生结合实际谈谈自己的理解,在整个教学过程中教学目标贯穿始终。

二、自主

注重培养学生自主学习的方式,是这节课突出的特点。陆老师在许多教学环节中都体现了自主意识的培养。如初读课文时采用学生自己喜欢的方式来读,检查学生生字词读音时让一个、两个、三个或五个学生自愿挑选喜欢的段落来读,在理解课文内容时让学生选择自己喜欢的事例来学习,在自愿选择的基础上说出认为作者写得好的原因。从多处我们可以看出,陆

老师在设计问题时,完全是站在学生的角度来考虑的,完全符合新课标提倡的"自主"学习方式,我觉得这节课在这方面做得非常棒。

三、充分

让学生充分地读,帮助学生积累语言,不断提高学生语文素养。对于景美情深的课文,最适用"教师指导、学生有感情地朗读"的方式来学习。陆老师在教学中用"读"贯穿全课,带领学生入情入境地读,在读中发现语言文字的美,在读中品悟作者的感情。这节课用了多种读书的方法,比如范读、赛读、评读等,读出飞蛾的求生欲,读出瓜苗顽强的生命力,读出作者积极的生命观。特别是在引导学生初读第二自然段"那样强烈,那样鲜明"时,在经过启发学生仍未读到位时,教师采用了范读的方式,我觉得此刻读得恰到好处。在学生充分读的基础上,引导学生练习背诵,从而达到积累语言,不断提高学生语文素养的目的。

四、融洽

教学民主,师生平等对话,课堂气氛宽松、融洽、和谐。新课标要求,教学应在师生"平等对话"的过程中进行,教师要激发学生的学习兴趣,为学生创设平等、民主、良好的学习情境。这节课,陆老师做得很好,设计的问题都站在学生的角度,课堂上教师以朋友的口吻与学生进行交流,使整个课堂呈现出宽松、融洽、和谐的氛围,学生兴致高昂,思维活跃,参与度高,充分体现了学生的主体地位,发挥了学生的主体作用。

另外,教师的基本功扎实,教态自然,举止大方,语气平和,普通话准确流利,让学生和教师之间没有距离。特别是评价语言及时、准确、到位,课堂调控能力强,注重培养学生良好的学习习惯,这些都是值得肯定的。

总之,在这节课的教学过程中,教师精心安排一些"小高潮",让学生时而兴奋,时而愉悦,时而沉思,时而体味;学生在独特的体验和个性化的学习中,智慧之花悄然绽放,充分体现出课堂的艺术美、作者的情感美、板书的结构美、课堂的氛围美、教师的语言美和学生的状态美。

《生命　生命》教学设计

执教教师:古槐街小学　陆发琴

【教学过程】

一、故事导入

教师讲《小麻雀的故事》。

你认为生命是什么? 你准备怎样珍惜它? 台湾作家杏林子对生命又有什么看法呢?

齐读课题,要读出希望。

二、初读课文,读准字音,读通语句

(1)请大家采用自己喜欢的方式读课文,如果你认为读准了字音就将手举起来。(学生一边读课文,一边与老师交流)

(2)请同学们自选段落来读,谁愿意读?

学生自愿选,选相同自然段的学生站在一起,做好读的准备。

(3)请一位学生读第一自然段。师范读,要读出思考。

让五个学生读第二自然段,一人领读,然后大家一块儿读。

教师评价学生"声音非常洪亮",提醒学生注意几个感叹号。

听老师读一遍,五个学生再来读。

让三个学生读第三自然段。教师纠正"仅仅"的读音,和学生一起读。

让两个学生读第四自然段。教师评价"读得真好,配合很默契"。

让一个学生读最后一个自然段。询问"稳"怎么读。师范读。

师生配合读全文,教师读第一段,学生读其余几段。要求读时要用心。

三、再读课文,理解课文内容

(1)通过刚才的读,同学们获得了什么信息? 课文共写了哪几件事?
(飞蛾求生、瓜苗生长、倾听心跳)

(2)请同学们选取自己喜欢的事读一读。在读的过程中,如果想不出写得好的理由,可以请同学帮忙,也可以叫老师,同时把自己的感受批注在书

上,老师给五分钟时间。在学习的过程中可以采用加点、圈词、画句等方法。

(3)学生交流自己喜欢的段落或句子,并结合课文谈谈好在哪里。

生谈"飞蛾求生"事例,从"挣扎""极力鼓动双翅"等词体会,指导学生读好做出的百分之百的努力。

生谈"冲破"一词,巧用拟人修辞方法,体会出顽强的生命力。指导学生读出瓜苗的这种生命力。齐读体会。

生谈"倾听心跳"给自己怎样的感受。

请学生说说生活中哪些人白白糟蹋生命,哪些人好好爱惜自己的生命,你感觉到作者怎样的人生态度。

(4)齐读最后一段,说说自己的理解。

四、总结写法,练习运用

(1)回顾本文写作方法:开头设问,通过三个事例,告诉我们一个道理。

(2)让学生将对生命的感悟写出来,三五句就行,写上自己的格言,注上姓名。

【板书设计】

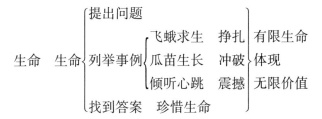

教学研究与感悟

小学教师做研究,大家观点不一,是增加了教师的负担,还是其本身就是教师工作的一部分? 需要研究什么? 怎样研究才能促进教师专业成长,进而促进教育教学工作? 这是一名有专业追求的教师必须明白的问题。

　　教师的主要工作是教书育人,教师的工作对象是不断成长中的学生,这就要求教师深入地去研究学生、了解学生,研究教育教学规律,研究教学内容、方式、方法。教师的工作性质决定了要经常研究一些教育教学问题,需要在研究的状态下工作。

　　问题意识、课堂实践、阅读与写作,促使我对专业的研究更深更实。依托省、市级专项课题边教学、边研究,积累了一些课题研究的经验,学会了观察、行动研究、文献等方法的合理使用。在小学中高年级进行"小学实用快速习作方法研究",在社会主义核心价值观背景下进行"小学德育教育与学生养成教育相结合的实践与研究",进行青年教师和名师"专业成长"研究,采用移植、顺应形势、变换视角和解决问题等方式,结合当下工作重点、难点,合理寻求研究策略,破解教学难题,提升课堂质量,最终让自主研究逐渐变成独立的教研意识及相应的工作能力,帮助自己走上了专业发展的"快车道"。

　　真诚地希望"在研究的状态下工作"成为教师开展教育教学工作的一种境界,成为通向专家型教师的有效路径。

试论小学语文阅读教学的目标设计

目标是教学的出发点和归宿,同时也是教学指南以及教学评价的依据,所有的教学活动都应当在明确的目标引导下进行。对于阅读教学来讲,每一节课的教学目标制定精当,是保证高效课堂教学活动顺利进行、提高教学效率的必然要求。

一、教学目标制定依据

教学目标指教学中学生通过教学活动要达到的预期的学习结果与标准。对阅读教学目标的制定要有科学依据。

1. 基于语文课程标准

制定教学目标必须以新课标为准绳,课标是小学语文课堂教学的航标,其中的理念以及目标与实施建议等内容对于教学活动发挥了积极的引导作用,应当进行认真研究。

2. 认真研读语文教材

在制定教学目标之前,要以小学语文课本为依据(单元学习提示、每课自学要求和课后练习题、插图、泡泡等),对本节所教授的教学内容进行明确,根据所处的学段位置以及知识点,对教学目标的达成度进行科学规划。在认真研究教材内容,合理开展教学,准确把握教学重难点,制定科学的教法、学法之后,这样预设的教学目标才能得到更好的落实。

3. 深入了解学情特点

在小学语文阅读教学目标的确定过程中,要对小学生的实际学习情况进行全面的了解,如学生的学习基础、学习能力、学习中的闪光点、对于知识点的需求,等等。教学目标基于对学生的学习能力与需求的准确把握而制定,才会更加科学与可行。新课标下,这种在深入了解学情基础上制定教学目标的方法也是因材施教原则的重要表现。

二、教学目标制定标准

1. 根据明确陈述的主体对象进行教学目标制定

在阅读教学目标制定之初,教育工作者应当正确认识到学生才是教学目标陈述的行为主体,教学目标的陈述是为了帮助学生提升能力,收获预期

的学习效果。

2. 从三个方面对语文阅读教学目标进行明确

在阅读教学过程中,应当从三个方面对教学目标进行体现。在教学中,要以"知识与能力"为主线,渗透"情感态度与价值观",并充分地体现在"过程与方法"中。其特点是"你中有我""我中有他",谁也离不了谁,谁也和谁分不开。基于知识目标的达成、过程目标的渗透和情感目标的体现,使教学导向更加明确。

3. 明确、集中、恰当、具体地进行教学目标设置

阅读教学中,应当追求明确、集中、恰当、具体的目标设置,将教学目标进行三个层次的划分。国家制定的教育目标为一级,学科专家制定的课程标准为二级,以上两种都属于宏观目标;小学语文教师制定的教学目标为三级,属于微观目标。三级目标才是影响小学语文阅读课堂有效性的直接因素。教师在进行目标制定时,应以一、二级目标为参考依据,基于小学生的实际学习水平与学习能力,进行科学的教学目标制定。通常,一节阅读教学课限定在 2~3 个目标最为科学合理。

4. 可观察与可检测是教学目标设置的重要原则

教学目标越具体越容易执行,也越容易检测结果是否达标。

例如,阅读教学中有老师这样制定目标:"体会作者对劳动人民的同情","使学生感受老农改造山林、绿化家园的艰辛和决心"。这样的目标过于表面,学生在这种表达方式之下,对于什么是"劳动人民的同情""老农改造山林、绿化家园的艰辛和决心"等内容没有办法进行感受,也就无法进行评价。

不如将教学目标调整为"根据课文内容,对地球的美丽以及壮观影响进行了解与认识",或者"在十分钟内,运用一段话对校园早晨的美丽景象进行描写",或者"在这一课的学习时间里,同学们至少要牢固掌握五个生字,并学会十个词语的运用"等。还可以为学生提供一篇与之相关的课外读物,要求学生自主地将文章中的说明方法找出来,等等。教师在制定目标时,应当基于小学生的认知能力;目标的制定条件要具体,结果要可以科学评价,通过规范化、科学化的教学目标预设提高学生的阅读能力。

三、教学目标叙写方式

每个小学语文教师都应当掌握教学目标的叙写,并将其作为阅读教学

的方向,对教学效果进行科学判定。

1. 体现教学目标叙写四要素

新课标对于教学目标的叙写做了进一步明确,一个教学目标一般由四部分组成,即行为主体+行为动词+行为条件+表现程度,有一套规范的陈述方式。

如《桂林山水》教学时,可以制定如下教学目标:

(1)学生在自学过程中,能熟练掌握五个生字。

(2)通过有感情地朗读文章,感受作者表达的思想感情。

(3)深入文章内容,对桂林山的"奇、秀、险"和水的"静、清、绿"的特点进行全面理解,深入体会作者对桂林山水的独特感受。

总之,教学目标越具体,越便于在课堂教学中落实。

2. 常用行为动词

具体叙写方式是"(学生)能……",而不宜写成"使学生……""让学生……"等。从行为动词上说,教学的具体目标应可观察、可操作、可检验。

如五年级上册第一单元"口语交际习作一"共分三个课时,其中第一课时的教学任务是口语交际,教学目标是这样预设的:为帮助学生养成多读好书的习惯,通过读书故事讲述、心得体会交流、辩论等活动,对学生的表达、倾听与沟通能力进行提升。

应该如何修改呢?一位教师是这样修改的:通过小组代表进行读书故事讲述、读书体会交流,组织全班同学进行"开卷有益"辩论活动,使大部分学生的表达、倾听以及沟通能力得到了提升。学生在这一过程中,对于多读好书习惯养成的意义有了一定的认识。

修改后的教学目标考虑到学情特点,变得具体、清晰,这样的课堂效果也更易于检测。

综上所述,课时目标是有效课堂教学的重要保障。教育工作者要从课时目标角度对课堂教学活动进行设计与衡量,通过有效的练习题设计和课堂提问设计,达到举一反三的学习效果,真正打造出高效的阅读课堂。

（原载于《语文课内外》2017 年第 33 期）

谈小学语文阅读教学目标的实施策略

在课堂阅读教学中,科学的教学目标是教学效率得到保障的重要条件,目标定位准确且达成意识贯穿始终,我们的教学才会游刃有余,课堂生成才将成为可能。

一、树立调控目标意识

无论课堂教学进行到哪个环节,教师心中都要有清晰目标的要求和定位,要始终围绕教学目标进行各种有效活动。

"教育的技巧并不在于能预见到课的所有细节,而在于根据当时的具体情况,巧妙地使学生在不知不觉中做出相应的变动。"在小学语文阅读教学过程中,有许多教师进行了目标的预设,同时也对教学手段以及如何开展教学途径及细节进行了科学的规划。但是其实施途径与过程则需要通过教师的教学活动、师生之间的互动动态生成,教师与学生在教学过程中为了实现目标而开展的活动是课时目标的引领。当教师在具体教学过程中存在引领意识不强的问题时,教学内容与教学目标将产生极大的差异,教学效果难以得到保障。当教师心中有明确的目标时,即使与预设相比,教学行为出现了一定的偏差,通过灵活的应用与修正,预设的目标同样能够得到有效实现。

例如,在人教版六年级下册《顶碗少年》一课教学时,其中有一项教学目标为"通过参与顶碗少年第二次失败后的'重来'还是'放弃'的讨论,懂得失败乃成功之母的道理",原先的预设是学生能够认识到顶碗少年会第三次"重来",但很多学生由于认知经验的局限,反而觉得可以"放弃"演出,因为观众知道他年龄小、顶碗难度大,特别是白发老者"脸上微笑着,并无责怪的神色"。在教学过程中,如果教师的教学目标不清晰,极有可能出现教师单方面进行说教的教学情况,与目标存在较大偏离;当教师在教学前有明确的教学目标时,教师则会在教学目标的指导下及时进行应变处理。

除此之外,课时教学目标的完成经常可能遇到各种阻碍。例如,一部分教师安排了学生进行充分的课前预习,但是在上课过程中却发现一部分学生的预习没有到位。一部分教师由于对学生学习基础以及学习能力的把握不足,致使教师与学生之间无法相互适应;一部分教师为了帮助个别同学解决问题或者进行辅导,花费了较多的教学时间,使其教学时间分配受到了影

响。此外,课堂也可能出现偶发事件。如此种种,需要教师随机调控教学目标。

二、引导有效文本阅读

为了更好地达成目标,教师在有了明确的教学目标后还要引导学生进行有效的文本阅读。

1.巧妙设置问题,抓住学习重点

为了更好地吸引学生兴趣,调动学生积极性,点燃学生思想的火花,教师在阅读教学过程中要结合教学实际,巧妙进行问题设置,以引人深思的教学提问,使学生更好地融入教学中。在进行问题设置时,要结合小学生的实际学习能力,问题应尽量具体,但同时要留给学生丰富的思考空间,即学生如果不经过阅读思考不能回答出问题,但是认真通读全文进行深入思考后能得出较好的答案。这样的设计可以抓住学生注意力,帮助学生形成研读文章的良好习惯,使学生的归纳能力、领悟能力得到有效提升。而且,教师在提问过程中要善于抓住课文的重点,将思想内容以及语言表达结合点进行突出,使问题的提出直击文章中心,做到"牵一发而动全身"。

例如,在人教版六年级下册的《桃花心木》一课教学时,教师可以结合文章内容巧妙设置疑问,提炼文章重点,引导学生思考"不确定"的意思,讨论从"不确定"中读出了哪些内容。问题的设计虽然简单,但是"不确定"却是学生感悟的触发点;结合文章内容,由"不确定"进行想象,学生将更能悟出"不确定"背后的丰富意蕴,对整篇课文的理解将更加深刻。

2.重视朗读,加深理解

新课标明确要求,在阅读教学中要重视朗读,要让学生充分地读,在读中整体感知,在读中培养语感,在读中受到情感的熏陶。基于此,教育工作者在教学中要对学生的朗读训练进行强调,在小学语文阅读教学过程中紧扣文本内容进行朗读训练,并为学生创造朗读机会,使课文理解与朗读训练得到有机结合,使小学生在进行课文内容理解的基础上开展朗读,通过朗读训练强化对课文内容的理解,从而更好地实现阅读教学目标。在朗读训练过程中,教师针对文本中的词句与段落进行适当引导,仔细揣摩,品出文章中的深层含义,使学生可以在朗读中理解句子的内涵,感受作者的情感,对文章结构、语法修辞的应用有深刻的理解。

例如,在进行《灯光》一课教学时,教师可以设计如下问题指导学生进行

朗读训练:为什么广场上千万盏灯静静地照耀着天安门广场周围的宏伟建筑,使人心头感到光明,感到温暖? 引读第3～11自然段,在朗读过程中对作者表达的感受进行领会,再通过个别学生朗读以及分角色朗读等,使学生了解文章背后包含的感情,朗读指导的层次性与有效性得到了有效体现。

3. 依托文本,感悟精髓

借助语言文字可以对文本的深厚内容以及丰富情感进行表达,在优秀的文学作品中,文本内容与文本形式是相辅相成的。在小学语文阅读教学过程中,教师要引导学生对文本中的语言文字进行品味,通过感悟其艺术魅力,了解作者的思想与情感,才能实现文本内容与心灵的交流,与思想的撞击。因此,对于文本中该强调的词句,该咀嚼的内容,教师要引导学生反复地品读、细致地咀嚼,品出文字的深层滋味。

例如,在进行《十六年前的回忆》一课教学时,抓住父亲的沉着、镇定、从容与"我"的惊慌、害怕进行对比,反复朗读课文,让学生感悟到李大钊对革命高度负责的精神,面对敌人坚贞不屈的高贵品质,表达了作者对父亲的敬仰和深切的怀念,这样就把对语言文字的感悟落到实处。

三、反馈课堂目标达成

阅读教学面对的是有生命、有思想的个体,作为一名语文教师,在教学过程中要能够利用教学中的各种反馈信息,了解小学生的学习状况,不断调整课堂教学,查漏补缺,使课堂教学更符合小学生学习的实际,满足小学生的需求,使教学目标真正得到落实。

对阅读教学课时目标的达成效果进行评价,需要通过对学生的及时检测得出。对于教师来说,对阅读教学课时目标进行反馈信息的搜集,不仅是对教学效果进行评价的依据,同时也帮助教师纠正教学中出现的失误,更可以强化学生追求目标的意义,使其充满学习动力。

当前,一部分教师在安排课堂与课后反馈时缺少针对性与必要性,练习活动低效,学生高层次阅读能力的空间与积极性没得到有效提升。例如,一些教师在学习完《凡卡》第二课时后,都会布置一个小练笔:"凡卡睡醒后会发生什么事? 请你展开想象写一写。"这种小练笔对于学生的想象力有一定的锻炼作用,但是由于缺乏明确的教学目标,有效性不高。而如果将课时目标确定为"条理清楚地复述故事,尝试使用插叙的方法展开想象续写",教学有效性将会得到快速提升。

四、结语

总而言之,在小学阅读教学过程中,为了实现有效的阅读课堂,教师需要运用教学目标来引领阅读教学,在教学过程中突出重点,注重课堂生成与反馈,做到心中有目标,使精彩的阅读课堂教学水到渠成。

(原载于《课外语文》2017 年第 25 期)

阅读教学中学生审美能力培养的策略

《语文课程标准(实验稿)》明确指出:"语文课程应重视提高学生的品德修养和审美情趣,使他们逐步形成良好的个性和健全的人格,促进德、智、体、美的和谐发展。"笔者认为,教师有意识地重视对学生审美能力的培养,不仅有利于激发学生学习语文的兴趣,而且对优化语文教学的输入功能,构建充实而崇高的精神世界起到重要的作用。

一、在恰如其分的引导中满足学生的审美需要

小学语文课程标准把审美情趣和审美能力的培养放在了极为重要的地位,正说明了培养学生审美能力的必要性。学生的头脑不是一个等待填满的容器,而是一个渴望点燃的火把。在阅读教学过程中,恰如其分地引导学生去领悟课文中以高尚、真挚为特征的情感之美,以传神为特征的形象之美,以新颖、巧妙为特征的艺术形式之美,能使学生成为阅读学习中的自觉审美者。如教《敦煌莫高窟》一文可以这样导入:"在古老的丝绸之路上,在茫茫的戈壁沙漠里,有一颗璀璨的艺术明珠,那就是敦煌莫高窟。"这样一下子把学生带进了大漠中那个饱经沧桑的艺术宝库。然后又以满怀深情的画外音引导:"读得真美! 给人一种美的享受。"此刻,老师把对敦煌艺术的那份深沉的情感传递给了学生,使学生情不自禁地为艺术、为大沙漠、为历史、为那份沧桑的美所震撼。随后大屏幕上又出现了流动的"诗"——音乐舞蹈。"同学们觉得这幅画美吗? 哪儿美?"学生争先恐后地说出了"动作美""音乐美""形象美""舞姿美""服装美""人美"。老师趁势接道:"这么多的美组成了这幅画的艺术美,让我们一起朗读奏响这美的交响曲!"学生不由自主地动情美读起来。这样的引导,如涓涓流水滋润了学生的心田,在充满诗意的语境中实现情感、思维、精神的交流,唤醒人的审美需求,增强人们的快感,满足人们的审美需要,从而促进学生成为阅读学习中的自觉审美者。

二、在多种感官的参与中培养学生的审美能力

美寓于教学的具体活动之中,一切能够展现生命意义,能够激发心灵活动的教学形式,都可能成为教学审美化的表达方式。在阅读教学中,教师要引导学生通过开展形式多样的活动和审美对象进行交流,充分调动学生的

多种感官,激发学生的审美情趣,培养学生的审美能力。

1. 说说画画,感知美

感知美的能力是指学生在阅读过程中具有审美意识,对美的诸因素能直接把握和领悟,即通过感知形成表象,进入情境,从而激起美感,产生美的愉悦。如《四季的脚步》一文,神奇美妙的大自然为学生提供了丰富的说话素材。当教师打开多媒体,绚丽多彩的画面出现在学生面前时,学生的兴趣被激发,语言被激活,景与情水乳交融,感受和表达合二为一,自然而然就把自己的感受表达出来了。此时只有学生的语言表达还是不够的,还要顺应孩子们爱美、爱画的心理,让学生拿起画笔争当小画家,开展"我眼中的四季"绘画比赛,一幅幅各具情态的四季作品在学生手中诞生了。这样引导,不仅有助于学生理解课文的内容,培养学生的观察力和想象力,也是对学生一种美的熏陶。

2. 看看读读,鉴赏美

鉴赏美的能力是指学生能自觉进入审美境界,并对审美对象做出鉴别评判。在品读《荷花》第 3 自然段时,教师先配乐范读,然后引导学生:"如果把眼前的这一池荷花看作一大幅活的画,那画家的本领真了不起。联系上文'挨挨挤挤''冒出来''开展''破裂'等词,去想象一下,在你脑子里会出现一幅怎样'活的画'。"学生配乐品读最后两个自然段时,教师引导学生:"同学们,此时你正像作者一样,站在美丽的荷池一角入神地看着,仿佛自己就是一朵荷花,此时你觉得荷花在想什么?"在师生进行美读的过程中,真正领悟到文中之情。学生在情感上与作者产生共鸣,在读中受到情感的熏陶,在美中时刻快乐着。

3. 演演想想,创造美

创造美的能力是指在阅读教学中所养成的审美素养,必然会带来学生审美创造力的提升,主要体现为想象的奇特、构思的独到、思辨的深刻、表达的生动。赞可夫说得好:"人具有一种欣赏美和创造美的深刻而强烈的需要。"在教学《四季的脚步》一文中,可以诱发学生的审美创造力,给学生营造一个真正表现自我的空空。文中"泉水叮咚、金蝉知了、落叶唰唰、雪花飞舞"本身就是一首优美动听的旋律。利用儿童爱动的天性,课堂上让学生戴上头饰,扮演春、夏、秋、冬这四个天使,同时播放乐曲《春天在哪里》,在翩翩的舞蹈中,既可展示四季的特点,还可创造性地改编内容,看哪个天使更受同学们喜爱。在这个过程中,既巩固了课文内容,又培养了学生的审美能

力。选择自己喜爱的角色,多形式多感官参与,学生会更真切地体会大自然的神奇伟大,在思维的不断碰撞中擦出美的创新的火花。

三、在多种形式的熏陶中提升学生的审美素养

1. 扩大学生的阅读范围

审美鉴赏力的具备,不仅要有扎实的美学知识,还需要以一定的审美观念、情趣、理想作为鉴赏的标准。为了提高学生的审美素养,教师除了引导学生树立高尚的审美理想,积淀深厚的社会文化内容,具有自觉的审美意识外,还要引导学生扩大阅读范围,注意阅读鉴赏的深度。就《美丽的小路》这篇课文的教学来说,在学习之前,教师可以布置课外阅读有关大森林里小鸭子和小路之间发生的动人故事。正因为有了课前的阅读,这样的导入便制造了审美悬念,激发了学生的审美兴趣,使他们不禁产生这样的疑问:小鸭子住的地方美吗? 在哪? 门前那条小路是什么样子的? 在这条小路上发生了什么样的故事? 和我知道的故事有什么不同? 也很有趣吗? 带着这样的疑问和浓厚的兴趣,艰难的阅读也就不再成为一种负担了,这是审美活动能够进行的一个良好的心理基础。

2. 准确把握教材的情感因素

审美活动中的情感体验,是伴随着审美主体对审美对象的认识过程而产生的,美的认识是感性和理性相统一的。就阅读教学而言,教师除了平时要注意培养学生的审美理解能力外,在课堂上也要引导学生准确把握教材的情感因素。另外,教师要对教材内在情感有自己的领悟和体验,并把这种情感体验传递给学生,使学生产生相应的情感活动。如教师有感情地范读课文,使学生感受语言文字中所蕴含的情感波澜。然后,让学生朗读课文,领悟作者表达的思想感情,体味文中蕴含的美感因素,这样学生就能准确理解作者的情感,受到美的熏陶。

3. 提高教师自身的审美素养

在语文教学中,如果离开教材这一审美客体,审美活动就无法进行;如果没有审美主体(学生)的审美实践,那么,教材再美也无法显示其价值,更无法转化为学生心灵的震撼。教师在审美教学中起到了不可或缺的指导、推动、激发等审美中介作用。在审美实践活动中,审美主体能够通过"移情"赋予审美对象以社会文化意义,能够深入对象的内部,领悟其深层意蕴,从而达到提升审美主体素养的目的。由于学生受其文化修养、生活阅历和思

想水平的局限,他们的审美经验跟教材之间常常存在着美学距离。要实现学生与教材之间的视野融合,就要求教师自身有较高的审美能力。正如马克思说的那样:如果你想感化别人,那你就必须是一个实际上能鼓舞和推动别人前进的人。因此,在审美活动中,语文教师应以积极的姿态主动热情地参与审美活动。作为一名语文教师,只有具备了良好的美学素养,才有可能由此外化为具有审美意义的教育行为,才有可能在备课中积极延伸美,从而将教材和生活之美转化为一种容易被学生接受的审美形式。

总之,语文阅读教学在让学生感受到教材美的同时,也提高了学生人生的品位,使学生自动抛弃低俗的审美情趣,向能体现人生价值的高尚情绪靠拢,从而在审美情感的熏陶中树立起崇高的人生理想,又以这种崇高的人生理想来指导自己的审美阅读。

(原载于《成才之路》2009 年第 4 期)

强化思维训练　培养快速习作能力

思维是人脑对客观事物的本质和规律性的认识,它是人类的一种宝贵资源。大脑的思维具有潜能的性质,只有经过教育和训练才能使大脑具备一定的思维能力。《语文课程标准(实验稿)》明确提出:"在发展语言能力的同时,发展思维能力,激发想象力和创造潜能。"这就是说,语文教学不仅要培养学生的口头和书面表达能力,更重要的是利用口头和书面语言这个载体来发展学生的思维能力。而快速习作的关键就在于强化思维训练,开发学生的思维潜能,使学生在写作的全过程中思维高度活跃,思想高度集中,保持最佳思维状态,达到快速作文的目的。在小学习作教学中,如何强化思维训练,培养学生快速习作的能力,根据自己的教学实践,笔者认为应该重点从以下四个方面抓起。

一、优化思维环境

人的思维活动是依靠大脑来完成的,大脑的一切思维活动都是在一定的社会环境和自然环境中进行,环境直接影响着人的思维活动。哈佛大学校长艾略德说过:"很多学生功课不好,不是由于学生智力差,而是由于老师没有给他们足够数量的成功的机会,因而没有条件形成自己成功的习惯,即面对新任务时自然具有的信心和自信。"而这个"成功的机会"主要来自"民主的、和谐的、积极活泼的"教学情境。因此,要充分发掘大脑思维潜能,培养学生快速习作的能力,就必须创造一个优化的思维环境。

1. 习作范围要广阔

在学生审题立意和构想文章时,教师不应事先设置人为的框框和禁区,不能硬性规定什么能写什么不能写,更不能规定应该怎样写不应该怎样写。要给学生提供广阔的思维空间,让思维能在广阔的领域中飞翔。在写作时,教师要出半命题习作、范围习作和话题习作。例如,可以出《有趣的……》《我爱……》《我学会了……》,也可出些范围或话题类的,如《真诚》《我的创意》《悄悄话》《假如2008年我在北京》等,这样给学生创造一个比较宽松自由的思维环境,以激发学生创造性思维和批判性思维。

2. 教学结构应"自治"

在教学结构上,快速习作一改传统的"教师命题—教师指导—学生作

文—教师批改"的以教师为主的"承包一条龙"的模式,而采取"教师命题 (学生自拟题)—学生习作—学生讨论—学生自批或互改—教师点评和小结"的以学生为主的"自治一条线"的模式。这不但减轻了教师的负担,重要的是真正突出了学生的主体地位和作用,最大限度地给学生提供了自由、开放、探究的思维空间,培养了他们的独立意识,调动了写作的积极性和创造性。同时,也提高了教师的主导作用和工作效能。这种崭新的教学结构,有力地促进了习作教学效果的增值。

3.教学方法可民主

在教学方法上,"快速习作"真正一改传统的"一言堂"或"师生问答"等单一封闭的方式,采取民主的、个性的、开放的原则,进行真正的民主化教学。把讨论法纳入课堂教学,允许并鼓励学生在课堂进行讨论和争辩,鼓励学生敢于向旧习俗和传统观念挑战,鼓励他们别出心裁,标新立异,"发人之所未发,言人之所未言";他们可以前后左右相互交流,可以大声争论,可以公开发表评论和意见,讨论学生和教师提出的问题。教师只充当一个"导演"、一个总设计师和顾问,在课堂上"因势导思",或自由讨论,各抒己见;或集体探讨,集思广益;或学生提问,老师解难;或老师激思,学生答疑;或师生切磋,求同存异;或教师小结,切中要害。这种通过多信源、多信道的民主的学习交流方式,构成了纵横交错的立体信息网络,形成了多种态势的反馈信息,从而撞出璀璨的、智慧的思想火花,达到激活创造性思维的神奇效果。

二、制定训练目标

传统作文的最大弊病之一就是教学目标的"无时限性"。一篇作文一两节课、一两天、一两星期都可以,没有明确严格的时间限制,容易导致学生写作思想的怠惰和思维的涣散,难以激发学生创造性的思维火花。而快速习作的速度总目标(40分钟400字。这是根据语文课程标准5~6年级的要求:"40分钟能完成不少于400字的习作"而制定的)本身就激发学生改变传统的消极怠惰的心理和思维定式。为了尽快达到总目标,教师每次习作还给学生规定了明确而具体的训练目标,包括写作的范围和题目,分条陈述的具体要求,写作时间、字数、书面等。

例如,笔者对五年级学生给出的习作训练:请记述一件最近发生的事。

要求:

1. 40 分钟 400 字。

2. 题目自拟,力求准确、新颖,能点明主题。

3. 内容具体,感情真实。

4. 语句通顺、书面干净。

每次的具体训练目标可以依据习作要求的不同而变化。有了这些明确而具体的训练目标,为组织紧张的智力活动树起了一个标尺,形成一种积极、主动的心理激发源,使学生朝着这样的目标不断地思索、联想,从而达到快速习作的目标。比如出一个半命题习作《我多想……》,让学生 40 分钟内完成。学生看到题目后便快速审题构思,想什么就写什么,怎么想就怎么写。如郑丽同学写的《我多想成为大学生》一文,500 多字 32 分钟就完成了,抒发了她的美好理想。王珊同学动情地写下了《我多想哭》,全文 480 多字 35 分钟完成,生动地讲述了自己的爸爸整天在外花天酒地,妈妈无可奈何,一个幸福的家庭破裂了,一颗天真无邪的少年的心被撕碎了的悲剧。因此,快速习作的教学目标,是培养和发展学生创造性思维的前提和保证,是启动创造性思维的无形而有力的杠杆。

三、培养思维定式

思维定式是人们在表象、概念的基础上进行分析、综合、判断、推理等认识活动的过程中,长期形成的固定的方式或格式。它是快速习作中一种重要的思维方式。形成思维定式写起习作来轻车熟路,能节省大量的思考、揣摩时间,加快成文速度。具体做法主要是教给学生快速习作的规律和方法,并让学生反复实践,熟练掌握。比如学生不会写活动场面,笔者就教会学生掌握好三个基本要点:一是定好描写重点。活动场面一般比较大,参加人员多,事情比较复杂,写作时不能面面俱到,记流水账。告诉学生在动笔之前必须确定好描写的重点,也就是要表达一个什么中心思想。在整个活动场面中,最能表现中心思想的情节和人物活动,就是描写的重点。二是写清楚活动经过。可采用的方法:①把大场面分割成小场面,然后一个场面一个场面去写;②把整个活动时间进行分段描写;③注意段与段之间的连贯衔接。三是做到点面结合。经过反复实践,并形成思维定式,以后遇到这类的习作就不用发愁了。在培养思维定式的基础上,经过强化训练,使学生突破原来的思维定式,学会采用求异思维进行创新。

四、学会思维求异

文贵求异,思贵创新,自古皆然。求异思维是一种打破常规,沿着不同途径思考问题的方法。没有求异思维,就无法产生求异作文。作家王汶石说过:"要不断追求新的东西,写那些应该写而人家不曾去写的题材、典型;别人不去的地方我去,前人未开垦的处女地我去开垦。只有这样,我们的文学才能兴旺发达,新颖多样。"同样的道理,习作也必须写出自己的独到感受,新颖的意思,新鲜的见解。我们把这种具有独到见解和创新精神的习作叫作求异习作。求异习作的最大特点就是求异,求异即创新。通俗来讲,就是"我和你不相同",同样的题目,我写出的文章和你的不一样,我力求写出新意,主题、构思和写法都要略高一筹。要写出求异习作,培养学生的求异思维非常重要。求异习作的思维方式是多种多样的,最常见的是反向思维、外向思维、有形思维等方式。如反向思维就是让思维沿着原先思维相反的方向推进,从相反的角度和方向来观察事物,思考问题。具体说就是当你在肯定什么的时候,不妨再从反面想想能否否定它;当你否定什么的时候,不妨从正面想想能否肯定它。如《小事不小》《平静生活不平静》《公正处不公正》都是反向思维的结果。

实验证明,大脑的思维潜能很大,只有经过教育和训练才能使大脑具备一定的思维能力。快速习作着眼于大脑的训练和开发,因此快速习作能够激发学生的思维活动,最大限度地开发学生的习作潜能,能够有效地培养学生的创造性思维品质,以达到高目标、高效率的学习目的。

(原载于《华章》2009 年第 12 期)

谈小学快速习作材料的积累

积累写作材料是进行快速习作特别重要的一环。为了达到"40 分钟内完成 400 字以上"这个快速习作目标,根据小学生的年龄特点、心理特征和写作基础,在善于观察、重视阅读、创设情境方面进行材料积累训练,可以收到良好的效果。

一、激发观察情趣,做生活有心人

春花秋月冬雪、繁星苍穹都是很好的写作素材。叶圣陶说:"生活是习作的源泉,源头盛而文不竭。"习作题材来源于生活,没有生活素材,习作成了无本之木,无源之水。教学中引导学生接触大自然,指导学生留心观察和分析周围的人、事、物,养成观察和思考的习惯,较好地解决学生习作写什么的问题,使学生获得更多素材,达到快速习作的目的。

1. 观察要选择好对象

学校要举行几天运动会,比赛的项目十几种,每一场比赛我们不可能都写进作文,也不可能都去观察,这就要求教师在开运动会之前给学生指导,事先选好观察对象,抓住自己最感兴趣的一个项目或比赛中的关键人物进行观察。如在《比手腕》比赛中及时引导学生:"为了锻炼自己的观察力,比赛中同学们要按顺序、有重点地观察队员的神态、动作、语言及周围环境,也就是把看到的、听到的、想到的记到脑海里。"这样,为写好作文打好了基础。

2. 观察要全面细致

既要进行不同角度、不同距离的观察,又要进行不同环境、不同场合的观察,还要把观察对象放置在它所处的背景中去观察。苏东坡诗句"横看成岭侧成峰,远近高低各不同"说的就是这个道理。同样是学校校园,倾盆大雨与阳光明媚时看到的情景不一样,心情愉快与郁闷烦躁时写出的文章也不一样。观察还要抓住事物的细节,抓住它各个方面、各个阶段隐蔽的特征,还要通过现象看到本质。

3. 观察要把握特点

大千世界,芸芸众生,万事万物,都有自己不同的地方,在引导学生观察时,要特别注意指导学生找出此事物与众不同的方面。既要观察事物的共同责任,更要注意观察事物的特殊性,要抓住某一事物与其他事物相区别的

特征所在。如写《妈妈》,先让学生观察自己的妈妈,每个妈妈都爱自己的孩子,都承担着教育子女、孝敬公婆的共性,但每个妈妈的长相、性格、对子女的教育方法、对工作的态度又各不相同。只有经过认真观察,才能写出性格迥异、特征分明的妈妈。当某一事物成为习作对象时,就要善于发现并观察它独有的特点,然后紧紧把握这一特点,对事物进行说明或描述,这样才能说得准确、简洁,描述得生动逼真、富有特色。

快速习作要求学生每学期习作不低于 30 篇。每个星期,要求学生回家写观察日记。观察日记根据时令季节的变化写花草树木,根据节日的不同表达自己的感受,根据家庭的不同、身边的人和事去描绘……让学生明白生活中处处有材料的道理。这样既训练了学生的观察能力,又为学生写作提供了素材,加上教师写作方法的指导,写起文章速度就快多了。

二、阅读积累素材,打好习作基础

阅读是写作的基础,也是快速习作必备的基本功。常言道:"读书破万卷,下笔如有神。"可见阅读的重要性。

1. 培养学生精读课文的习惯

教材中的每篇课文都文质兼美,在安排材料、遣词造句、布局谋篇等方面独具匠心。教学中,紧紧抓住课堂时间,让学生反复读课文,采取不同的形式读。通过阅读,使学生掌握字词的意义,能恰当地遣词造句,连贯地表达自己的思想,写出内容丰富、语言流畅的作文来;通过阅读,使学生了解文章表达的主题,作者抒发的感情及写作方法,并能在自己的作文中借鉴、运用。

2. 培养学生自觉阅读的习惯

倡导课外阅读,让学生开阔视野,激发学生的学习兴趣,增强语言表达能力,提高习作水平。在语文教学上,采取分层布置作业的方法,对于学习程度较好的同学,布置少量作业或有时不布置作业,让他们腾出大量的时间看课外书,第二天谈读书心得。对于自习课上写作业快的同学,引导他们利用班级图书角进行读书,并定期召开班级读书交流会,时间久了,班内自然而然形成了一种自觉读书的良好习惯。

3. 培养学生记笔记的习惯

在阅读过程中,教师最初要指导学生有重点地动笔圈、画,随着学生读书数量的增加,摘、记也成为读书不可缺少的一项。积累本除了把优美的成

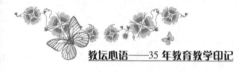

语、典故、谚语、名人名言等抄下来外,课外书中的有趣事件、精彩片段也可以记录下来,并安排一定的时间交流。对于书读得多,摘抄得棒的学生,期末评为读书之星或小博士。这样,学生在快速习作时就能整句、整段地引用、模仿或迁移,使文章锦上添花。

4.培养学生背诵精美范文的习惯

这一点对于快速习作非常重要。因为学生要进行快速行文,必须能写各种题材的作文,这就要求学生分类背诵精美范文,写人、记事、写景、状物每类至少能背诵两篇典型的文章。为了避免学生写作文出现雷同的现象,教师对学生背诵的范文不做统一要求,让他们在父母的指导下,找书找材料,背会后家长签上字作为证明。一学期下来,最多的背50多篇,最少的也达到20篇。这样,不仅丰富了学生的语言积累,也培养了学生的读书习惯。学生有了丰富的积累,就会有取之不尽的作文素材。同时,在背诵精美范文时,要注意典型、准确、新颖,并要不断丰富更新,不断翻阅记忆,积累材料越多,作文速度就越快。

三、创设教学情境,激发习作兴趣

创设情境是进行情境作文教学的前提,为学生进行快速习作提供了直接素材。心理学认为,只有亲身参与的事情,印象才深刻,也最有向人叙述的价值。因而创设情景,激发学生的观察兴趣,利用迁移,诱发叙述写作的兴趣,从根本上讲能培养学生观察的能力和兴趣。比如,在给学生指导《有趣的斗蛋比赛》时,我是这样创设情景的。课一开始:"女士们、先生们,大家好!……今天我们要进行一次斗蛋比赛。……比赛规则是:凡是擂台下手中有完好无损的熟鸡蛋、鸭蛋、鹅蛋的人员都可参赛。每个参赛选手上台后,首先介绍自己蛋的名字,然后与对方相斗,获胜者便暂时成了擂主,谁在这次斗蛋赛中打败对手的次数最多,谁便是这次斗蛋比赛的冠军。好,比赛开始。"在老师创设的情境下,学生跃跃欲试,很快进入比赛的相斗中。选手相斗前,我以裁判员的身份引导他们。比赛中,我故意加入暂时获胜的同学之中,与他一起高兴,用言语激台下选手上台,把比赛推向高潮。在整个活动情境中,学生被深深吸引,表现出很高的兴趣和积极性。此时我抓住时机,在第二课时将兴趣引导到写作上。学生亲自经历了事情的发展过程,掌握了记叙活动的方法,很快写出具有真情实感的文章。

有了科学的素材积累方法,才能保证不同层次的学生有取之不尽的生

活材料。同时,还要注重快速审题、构思、行文、评改等几十种快速习作的方法和技巧的训练。这样,到小学毕业时,每个学生都能达到 40 分钟内完成 400 字以上的习作目标,并且大部分学生的习作都能做到有中心,有条理,内容具体,感情真实,语句通顺,书写规范整洁。

（原载于《成才之路》2011 年第 4 期）

思维导图运用于习作教学之我见

习作教学是语文教学重要的组成部分,它能够综合展现学生的知识积累程度和文字表达能力。小学生写作时经常出现不会选材、层次不明、内容空洞、语言贫乏等现象,笔者将思维导图运用到习作教学中,通过对学生习作思维过程的逐层展示,帮助学生掌握习作规律,收到了授人以渔的效果。

一、用导图定主题,选择素材明方向

没有写作素材,习作便无法进行。动笔前,确定主题、组织学生选择素材是指导习作的第一步。利用思维导图进行展现,学生在选择作文素材的时候就能够一目了然、方向明确。学生在拿到写作要求之后,首先要确定写什么,也就是思维导图中所提到的"中心点"。可确定一个主题(或中心词),给学生一定的思考时间,让他们围绕中心词自由想象,并在一级分支上用关键词记录相关要点。

例如,《美丽的小兴安岭》课后题:"你的家乡哪个季节最美? 为什么? 写一段话和同学交流。"利用思维导图的放射结构,教师可有意识地引导:"在这个季节里,家乡的什么景观最美?"从自然景观、人文景观等角度展开联想,学生围绕主题去思考,罗列出许昌的紫云山、白沙水库等自然景观,灞陵桥、春秋楼、曹魏古城等人文景观。教师抓住契机追问:"这些景观中哪个你最熟悉、最喜欢,感觉它最能代表家乡的美呢?"学生通过比较、讨论和筛选,继续从脑中提取有价值的信息,把体现习作主题、最能反映家乡美的材料添加在分支上,丰富素材的内容。

二、用导图定层次,谋篇布局理思路

一篇好文章,关键在于谋篇布局。思维导图线性的层级结构有利于梳理信息脉络,让学生心中明晰开头是什么,中间怎么展开,怎么过渡、照应,结尾又如何,从而使全文有条不紊、层次分明、文脉相通。

如写《可爱的小狗》,教师可紧扣"可爱"这一主题,按照从整体到局部的顺序绘制思维导图。一级分支确定三个方面(狗的样子、局部特点、生活习性);二级分支具体绘制"样子"(品种、可爱、讨人喜欢),"局部特点"(头、身体、四肢和尾巴),"生活习性"(喜欢吃骨头、黏人)。在这个过程中,学生不

但能在思维导图的主干与分支之间发现逻辑关系,还能对文章的篇章结构进行检视与修正。

三、用导图定内容,丰富语言变生动

思维导图各分支具有无限扩展性,如果我们引导学生利用思维导图这个工具促进发散思考,所有与分支相关的关键词都会尽可能地被提炼出来。学生这种思维过程考虑的层面更宽,内容也更加具体、完整。在明确了"写什么""怎么写"之后,文章的基本框架形成。但是学生依据这个思维导图写出来的文章还不够具体、生动,缺少"血肉",此时教师可以继续引导学生丰富和完善思维导图,在习作框架后面不断增添层级和分支,为"骨架"增添"血肉"。引导学生利用思维导图进行思考,添加富有个性、展现细节的关键词,会让语言更丰富生动,更有吸引力。

[原载于《河南教育》(基教版)2019 年第 7~8 期]

春风化雨　立德树人
——河南省许昌市建设路小学德育教学实践路径

"我是建设小学生,珍爱生命保安全。明礼守法讲美德⋯⋯"每当听到这朗朗上口的诵读,眼前总会浮现出这样的画面:放学后,一班又一班学生在班主任的带领下,边走边诵读,整齐、有序地排着队走出校门。诵读的内容融新版《中小学生守则》(以下简称《守则》)、社会主义核心价值观、校风、校训于一体。这是学校从2015年新学期进行《守则》和社会主义核心价值观有机融合,开展德育教育活动的一项新举措。

许昌市建设路小学,始建于1962年,位于市区古老的运粮河畔,许继大道中段,环境优美,景色宜人。学校是一所六年制公立学校,现有学生2775人,41个教学班,教职工121人,省市级骨干教师、名师36人。校园占地面积1.4万平方米,建筑面积9265平方米。多年来,学校本着"以人为本,和谐发展"的办学理念,取得了可喜的成绩,曾获得全国素质教育榜样学校、全国消防安全教育示范学校、省足球传统项目学校、省卫生先进单位、省绿色学校、省文明标兵学校、市文明单位、市人民满意学校等100多项荣誉称号。

近年来,作为省、市级优秀少先队集体,学校秉承"春风化雨、慈严有度"的德育理念,倡导"人人都是德育工作者"。为引导学生将社会主义核心价值观内化于心,外化于行,以新版《守则》为抓手,结合学校、学生实际,采取多种形式,把德育教育融入教育管理的各环节,形成了"校园无小事,处处皆育人"的局面。

一、优化育人环境,做到润物无声

浓郁的德育文化氛围,为学生形成健康、积极、向上的价值观创造了条件。为此,学校把社会主义核心价值观内容悬挂在教学楼上,把《守则》内容制成版面张贴在每个教室的墙壁上,使全体师生熟记成诵,铭记在心。为了形象、直观地展示德育教育的内容,学校打造了德育长廊,详细记录学校开展德育教育活动的足迹。如"学生志愿者发放节约水资源传单",传递环保意识;"开展关爱贫困家庭爱心捐助活动",体现了一方有难、八方支援的美德;"清明祭奠缅怀先烈",牢记历史,学习英雄;操场围墙上张贴色彩鲜艳的"二十四孝图",宣扬中华传统美德;过厅走廊定期更换"美德少年""十佳孝

心少年"照片,激励学生比学赶帮;一幅幅主题鲜明、充满"中国风"韵味的宣传栏镶嵌在崭新的"明启楼"走廊上。本着"一楼一主题"的设计理念,将"尊师""诚信""善孝"等内容具体化、形象化,使学生在耳濡目染中浸润心灵,收到润物细无声的效果。

二、探索学科育人,促进有机统一

学校德育教育要充分发挥课堂主渠道作用,开展专题进行探索研究,促进学生健康全面发展。新学期,学校组织学科带头人和骨干教师,从学科育人的教学现状、价值提炼、改进措施、案例聚集等方面,深入研究小学各门学科的育人价值,引导广大教师将学科教学回归本原。一方面,学校把教师研究成果分类发表在学校的刊物《旭章》《旭韵》上,打破学科界限,开展典型案例评比;另一方面,学校举办"德润课堂"——班主任论坛暨先进班主任德育活动交流会,引领全体教师通过创造性的课堂教学实践,促进知识和价值的有机统一、学科内容和科学方法的有机结合。同时,以研究为先导,探索具体、可操作、可推广的教学方法和教学范例。为推进学校学科德育全方位开展和渗透,聚焦学科德育中的难点和瓶颈,学校立项6个学科德育课题,如省级课题"学校道德与法制相结合八德素质教育模式"、市级课题"学科育人与学生习惯培养的实践探索"等。在教育教学实践中,集聚各方智慧,促进了社会主义核心价值观教育在课堂教学中的有效落实。

三、设立育人目标,打造班级名片

如何让《守则》内容落实在学生的自觉行动上,推动社会主义核心价值观入脑入心,学校打破传统班级管理模式,设立育人目标,制作班级名片。"向日葵中队""文明中队""绿荷中队"……这些极具个性的名称让人耳目一新。绿色底版设计,代表着学校对莘莘学子寄予的殷切希望。"自信 快乐 勤奋 独立""团结 守纪 勤学 奋进"……催人振奋;"书香流溢""静能生慧 海纳百川"等班级目标激励学生努力学习、积极向上;"希望每一位同学都能像向日葵一样灿烂,拥有一个金色的童年。""班主任寄语"表达了教师对学生的殷切希望;各具风采的"班级小明星"展示了全面发展、品学兼优的学子风貌。

四、开展认星争优,促进全面发展

社会主义核心价值观的培育贵在知行统一,"知"是前提,是基础。如何引导学生明是非、知善恶,这就要求将《守则》细化为学生学习生活中的具体要求,贴近学生学习生活实际,才能转化为学生的行动。新《守则》一推出,班主任组织学生朗读、背诵,用浅显易懂的话语帮助孩子理解内容。通过学习,使学生在日常生活中以《守则》为镜子,做到"吾日三省吾身"。每班的"认星争优,争做美德少年"评比栏以《守则》为标尺,分别设立"勤学好问之星""诚实守信之星""孝亲尊师之星"等九颗星,及时记录学生学习和成长的足迹。星级分班级星和校级星。班级推选出的明星,参加校级期末集中表彰。这样较好地激励同学们奋发努力,人人争做全面发展的好少年。

五、参与活动体验,落实教育融合

着力落实,才能有效融合。为践行社会主义核心价值观,学校在狠抓常规工作的同时,将《守则》内容融入丰富多彩的活动体验中,引导学生形成奋发向上、崇德向善的正能量。

首先,利用周一的升旗仪式,对学生集中进行爱国主义教育。围绕抗战胜利 70 周年主题,举行"开学典礼暨勿忘国耻圆梦中华"活动启动仪式,开展"纪念'9·18'珍爱和平"活动,举行"铭记历史,振兴中华"第二个国家公祭日活动,让学生感受幸福生活来之不易。其次,结合"节日",开展丰富多彩的德育活动,落实立德树人的根本任务。如中秋节的"月圆人更圆"、重阳节的"九九重阳节,浓浓敬老情"、教师节的"铭记师恩"、建队日的"喜庆建队,奔向辉煌明天"歌咏比赛。

"青青园中葵,朝露待日晞。"相信在"旭"文化的理念引导下,优秀的建设路小学教职工,时刻牢记"明德博学,知行日新"的校训,在党委、政府与社会各界的大力支持下,不断改进自己的德育专刊《旭韵》和《班主任工作手册》,在践行社会主义核心价值观和落实《守则》教育教学实际中深度融合,不断探索推动德育工作实效性的方法和途径,真正把学校打造成人性与美德飘香的地方,进一步促进青少年健康成长。

（原载于《中小学校长》2016 年第 3 期）

促进小学语文教师专业成长策略

百年大计,教育为本。教育发展,教师为本。近年来,许昌市魏都区遵循教师专业发展规律,创新教师专业发展模式,成立了语文青年教师研修班,通过专题研讨、课堂实践和区域带动等多种路径,有效助力语文青年教师的专业成长,促进教师队伍整体素质快速、持续提升。

一、专题研讨,提升语文专业素养

教师专业成长是一个长期的过程,有其特定的发展规律。语文青年教师研修班由46位教师组成,他们是从魏都区近5年招聘的小学语文教师中,通过笔试、面试层层选拔出来的。他们入职时间较短,经验不足,需要进一步提高。

1. 加强基本功训练

基本功是提高课堂教学效果的重要保证,它能推动和提升教师专业发展水平,语文教师要重视教学基本功的培养和训练。我们组织的"书法家谈书法艺术中的美"专题讲座,使教师们了解了中国书法的悠久历史、深厚内涵,明白了钢笔、毛笔、粉笔字的书写规范及在教学中的正确应用;我们开设了对联欣赏课,在春节前夕,组织研修班教师走上街头开展"写春联、送温暖、献爱心"志愿活动;我们开展了朗读讲座,加深大家对朗读艺术的理解,提高大家的授课、表达水平……这些举措丰富了青年教师的学科知识,提升了他们的基本功。

2. 培养阅读习惯

教师只有博览群书,不断丰富学养,在课堂上、生活中才能引经据典、妙语连珠。我们要求,在研修学习期间,每位教师每学期至少读5本教育专著,撰写不低于2万字的心得体会。我们还在全区范围内开展了以研修班青年教师为主的读书活动,引领广大教师爱好阅读,通过阅读丰厚自己的专业知识,完善自己的专业结构,以书香涵养教育智慧。

3. 准确解读文本

文本解读是语文教师必备的一项基本能力,也是其专业成长的起点。小学语文教师只有具备深厚的专业知识,才能全面透彻地理解教材、分析教材、设计教法,才能在教学过程中左右逢源、得心应手。为此,我们开展了

"2011新课标研习""依标扣本的备课艺术""好作文是怎样来的"等专题研讨,让教师了解到语文教材具有视野开阔、趣味性强、灵活实用等特点。作为青年教师,在解读文本时要做好计划,既读与教材相关的书籍,也读政治、文学等方面的书籍,以提高自己的阅读敏感度,形成多角度、个性化的文本解读能力。

二、课堂实践,助力教师专业成长

形式多样的课堂实践是教师不断超越自我的主要途径,也是教师成长、成才的助推器。研修班推出的分阶段"课堂实践+评价"举措,加快了青年教师成长、成才的速度。研修班课堂实践活动分以下三个阶段进行。

第一阶段采取"同课同构",集体共评的方式进行:第一步,把全班教师分成四组,每组成员对五年级《桥》这一课进行认真钻研;第二步,小组成员一起研课、班内评议,形成教案初稿;第三步进行"二度教学设计",形成统一教案,每组推选代表上课;第四步进行听课、评课。"同课同构+共评"的课堂展示,要经过备课、议课、评课诸环节,实现真正的研课,让每一位教师都能及时地改进教学策略,优化教学方法,提升教学水平。

第二阶段采取"同课异构",小组代表轮流评课的方式进行:各组教师针对三年级《绝招》一课,按照"自行研讨—形成教案—组内试讲—再度修改教案—各组代表课堂实践—小组代表轮流评课"诸多环节进行。最后,每个小组选出一位代表,各自展示"绝招",对于相同教材的内容,通过不同构思、不同教学策略展现教学个性,真正实现资源共享、优势互补。在研讨中,大家积极反思自己的教学行为,产生新的教学思想。

第三阶段采取微型课展示,现场抽签评价的方式进行:一是请教研员举办"如何讲好微型课"专题讲座;二是每位教师自选内容准备一节微型课,做好评课准备;三是分小组逐一展示、交流、修改、评价;四是推荐《珍珠鸟》《钓鱼的启示》《搭石》《盘古开天地》四节微型课在全区展示;五是每位研修班教师现场抽签评课。教师们最后的展示、评比结果令人满意,体现了新时代小学语文青年教师的整体素质。

三、区域带动,凝聚教育攻坚合力

我们依托青年教师研修班,培养了一批德才兼备、业务精湛的青年骨干教师,带动了全区小学语文教师素质的整体提升。同时,我们通过主题教

研、联盟帮扶和网络教研互动等形式,凝聚魏都教育合力,实现区域带动、资源互补,促进了城乡教育的均衡发展。

1. 片区主题教研,调动参与积极性

我们按照研修班课程,要求每个青年教师两年内要在片区主持或参与一次主题教研活动,内容自选。如北片的"微型课堂展示及答辩教研活动"、南片的"阅读与写作学习汇报交流"等活动都开展得有声有色。活动的主题确定、内容筛选、反复磨课、修改教学设计、调整教学思路等都体现出教师集体备课的优势。这种片区主题教研方式,充分调动了教师参与的积极性、主动性,促进了学科教师专业整体发展。

2. 名校联盟帮扶,提升专业反思力

魏都区在创建义务教育均衡先进区的过程中,出台了名校结对联盟帮扶政策,以市级名校为主形成 7 个结对帮扶联盟,每学期都开展形式多样的帮扶活动。其中,研修班教师要承担上课、评课、举办讲座等任务,每次结束后大家都自觉反思并形成文字。一年多来,研修班教师撰写的教学反思、研究文章在各类刊物发表或参加评比获奖的有 60 多篇。

3. 利用网络资源,拓展帮扶时空

我们开发了"信息技术与学科融合探究"专题课程,研修班教师学会了在 QQ 群内分享自己的教学经历和教学心得,努力做到资源共享、取长补短。他们组建的"小语青研班"微信群,向全区语文教师开放,成为全区语文教师网络交流的阵地。这样的交流活动,深化了帮扶内涵,提高了帮扶活动的有效性。

[本文为 2017 年度河南省基础教育教学研究重点课题"基于青年教师研修班促进小学语文教师专业成长的行动研究"部分成果,课题编号为 JCJYB17021001。原载于《河南教育》(基教版)2018 年第 9 期]

构建多维评价方式　促进教师专业成长

著名学者叶澜认为,教师专业发展就是教师的专业成长或教师内在专业结构不断更新、演进和丰富的过程。魏都区教体局2016年6月成立了"魏都区青年教师研修班",本着快速提升专业水平和为未来储备人才的目的,研修班为青年教师的发展制定了清晰的发展路径和有效的研修策略,在此过程中以"评价"为手段,形成魏都区小学语文青年教师专业发展的独特评价方式。

一、制订学员评价手册,量化考核研修过程

利用《魏都区青年教师研修班学习手册》(以下简称《学习手册》)对学员进行考核评价,是鉴定学员研修学习情况,也是促进学员专业成长和提高教学水平的手段。研修班学员是从全区近五年招聘的小学语文青年教师中,通过个人申请、学校推荐、笔试和答辩层层选拔出来的优秀者。为了保证研修活动的实效性,制定了《学习手册》,对学员考核标准进行明确要求,两年中分四个学期进行阶段性评价和考核。内容有学习态度、研修作业、听评课、三课活动、课题研修、论文获奖、校本研修、其他获奖等方面,据此量化考核推选出每期优秀学员,达到激励学员进步的目的。《学习手册》是学员研修情况评价记录,也是保证研修水平和活动质量的辅助手段,每学期统一发放、定期收回。通过对学员研修手册管理、考核和分析,了解小学语文青年教师的研修概况和发展需求,了解学员和班主任之间、学员和授课专家之间、学员和学员之间的互动情况,引导、鼓励教师开展小组合作、团队交流。研修班结业,根据四个学期评价考核成绩,综合评出这期研修班优秀学员,由教体局统一表彰。此外,班主任通过《学习手册》对学员的研修活动进行过程管理,将分析结果及时反馈给学员个人,为进一步规范其他研修活动提供过程记录和评价依据。

二、运用成长档案袋,科学反映成长足迹

运用教师成长档案袋评价,可以促进学员专业化发展,对于科学评价研修学员的成长足迹有重要价值。学员成长档案袋包含:个人基本信息、目标、内容(成果)、评价。个人基本信息主要包含姓名、出生年月、最高学历、

所学专业、教师资格类型、职务/职称、职业资格证书、工作经历、学习经历、兴趣爱好、教学特色等个人基本信息,反映教师基本情况,是教师专业成长的学术背景。在研修班初期,结合"科学规划未来　成就幸福人生""无悔的选择"专题讲座,让每位学员根据小学语文学科特点和学校实际制定两年、五年和十年个人专业发展规划与目标,从职称晋级、骨干教师到学科带头人、区级优秀教师到市级名师成长等方面内容,为教师专业发展指明未来方向。内容(成果)包含研修期间学员完成作业、听评课记录、参与课堂实践活动的课件、教案、教学录像、微型课堂设计、案例分析等;学员在学校取得与教学相关的荣誉和奖励;参与和主持的课题,发表的论文、论著,编写的教材;参与活动的教研反思与心得等。评价分为学员小组评价、自我评价和班主任评价三种形式,采用动态评价和过程性评价相结合,兼顾发挥教师自我评价主体作用。在研修班结业活动中,面向全区业务管理人员进行交流评价,翔实丰富的档案袋资料呈现出 45 位青年教师两年时间中在全区小学语文学科进行的学习、研修、课堂实践化蛹成蝶的足迹,反映了青年教师专业成长和发展过程中的个体差异性特点,是一种科学有效的评价方式。

三、开展综合展示活动,全面体现研修成果

青年教师研修班两年中开展了丰富多彩的研修活动,无论从内容上如"以古诗词滋养生命之树""读书、写字与人生修养""参与,让习作素材更丰富"等学科素养专题,还是形式上如"同课异构+共评""同课异构+轮评""微型课展示+抽评"等主题教研、校际展示活动,都从不同角度展示了学员专业水平的提升。

如何更好地检验研修班学员两年中的专业成长历程,2018 年 6 月,魏都区教体局举办了"魏都区青年教师研修班结业典礼暨成果展示"活动,邀请全区业务校长、教导主任、青年教师代表一起参与。展示分四个阶段:优秀学员表彰、现场讲课评课、研修视频回顾、节目展演。特别是节目展演部分,按照学员所在学校片区、自主结合进行准备。内容丰富多彩:有反映学员专业变化的情景剧《成长之路》;有体现学员语文素养的故事新唱《水调歌头》《诗词大会》;还有反映研修班成长历程的三句半《研修之路　扬帆起航》、豫剧新唱《说说研修那些事》;特别是大型诗歌朗诵《不忘初心　浪漫前行》把活动推向高潮,充分体现了研修班学员的教育理想、聪明智慧、专业发展,描绘了魏都区小学语文教育美好的明天。活动的筹备、展示的流程、过程的细

节和达到的效果,都是全体学员专业成长体现的结果。自编自导自演的综合活动展示,全方位、多角度、立体化对研修班学员进行评价,营造了一种积极向上、和谐温馨,有利于促进全区教师专业发展的浓厚氛围。

"横看成岭侧成峰,远近高低各不同",善用多维评价,教师的专业成长之路才会越走越快,越走越远。我相信研修班的每个学员都是一个发光体,大家携手并肩,魏都教育的明天将会星光灿烂、辉煌无比。

(本文为2017年度河南省基础教育教学研究重点课题"基于青年教师研修班促进小学语文教师专业成长的行动研究"部分成果,课题编号为JCJYB17021001。原载于《课程教育研究》2018年第39期)

学校管理与提升

追求幸福,是人的本能和天性,是人生的目标,也是人生一切奋斗的动力。教师如何在日常的教育教学中履行职责,完成教育教学任务,体验教育教学工作中的快乐和幸福,需要教育管理工作者加强专业方向引领。

教师专业发展的路径是多元化的。引领、培养、培训,是教师专业发展的外在力量。无论是学校校长,还是区域名师工作室管理办公室主任,都要学会用现代化的管理理论引领广大教师,理解教育发展战略,认同发展规划,紧跟教育发展步伐,确保各项计划、制度、措施落实。

我充分利用校刊、媒体与工作室发展成果等载体,结合担任校长期间学校工作的重点、任务和内容,撰写了一些卷首语。这些卷首语篇幅不长,文字不多,但力求给老师留下印象,其最大价值和最本真的追求就在于唤醒教师们的思考力和执行力。这些小文多以爱生爱教的心态、以敬业钻研的行动、以教学相长的情怀,或涓涓细语,或勉励奋进,或语重心长……把牢教育发展方向和课程改革趋势,有助于教师树立正确的教育教学观。

相信广大教师能够从朝气蓬勃、积极向上的学生中随时随地感受到生命的勃发、青春的活力和成长的魅力;能够倾心聚力、积极投身教育教学研究,在提高工作成效的同时,享受教师职业幸福;能够发自内心地热爱、钟情、痴心于教育事业,在教学相长中体验职业成就感!

人人代表学校形象

学校形象是指学生、家长及社会公众对学校总的印象和整体评价。从公众评价的角度分析,学校形象包括学校的知名度和美誉度两个方面。良好的学校形象可以赢得社会各界的支持和信赖,激发教职工教学积极性、主动性和创造性。

学校管理过程中要做到内强素质,外树形象,维护学校的声誉。学校的形象来自哪里? 来自每一位教师。事实告诉我们,学校的每一位教师都是学校的形象大使。学校这个集体很特别,学生怎么看学校,家长怎么看学校,都与我们每一位教职工密切相关。您对待学生的一言一行,接触家长的言谈举止都是具体可感的学校形象,都会在学生和家长心目中留下好或坏的印象。这种形象会深深地留在学生和家长心目中,并通过学生和家长的口碑相传,形成一段时间相对固定的学校形象。所以,我们每一位老师,当您教书育人的时候,当您接触家长、学生和社会上每一个人时,请时刻记住,您是教师,您是学校的形象大使,要多注意自己的形象和素质,包括言行举止,自觉为学校的形象增光添彩。

怎样当好学校的形象大使呢?

首先,要修德。身教胜于言教。孔子曰:其身正,不令而行;其身不正,虽令不从。教师是学高为师,身正为范,教书育人,为人师表的表率,是一种以智慧传播智慧,以心灵塑造心灵,以生命影响生命的职业。教师的人格魅力对学生能产生潜移默化的影响,教师高尚的品德对学生的影响超过任何规章制度和宣传教育的作用。教师只有做到立德、爱生、正直、敬业,做人、做事、做学问有机统一,才能真正成为人类灵魂的工程师。

其次,要博学。在这个终身需要学习的时代,教师要做终身学习的楷模。具备渊博的知识是教师必备的素质,教师不仅要通晓所教学科和专业,而且要多见多闻,多方涉猎,知识面广博,同时,还要掌握教育科学理论,懂得教育规律。教师要具备如下几种能力:一是教育预见能力。就是教育活动开始以前对教育对象的身心状况,教育内容的适合性,各种影响因素的干扰可能性以及教育效果的估计能力。二是教育传导能力。核心是语言能力,语言是教师面向学生传播影响的最主要工具。三是教育过程控制的能力。

最后,要爱校。冰心老人说过,爱在左,情在右,随时撒种,随时开花,走在生命的两旁,将这一径长途点缀得香花弥漫,使穿枝拂叶的行人踏着荆棘,不觉得痛苦;有泪可落,却不是悲凉。作为教师应时刻用师德的标准要求自己,真心实意喜欢每一位学生,尽职尽责,教书育人。通过上课、辅导、改作业、谈心、关爱、激励、培养每一个学生,充分挖掘学生潜能,使每一位学生都能找到自信,体会到学习的快乐与校园生活的幸福。我们工作的任何一个疏忽都可能伤害一个天真纯洁的心灵,可能让一个人才走上迷途。因此,尽心尽力关爱学生,爱满校园,让每一个学生成为最好的自己,这是我们当老师的本职,也是教师的责任与担当。我们要像爱自己家一样真正爱护学校的形象。比如,发现哪里有安全隐患要及时排除,解决不了的及时告知学校;发现学校工作哪里有了失误,要及时予以补救或反映;自己有什么好的想法或建议要主动提出,等等。总之,就是要把学校当成自己的家,想方设法主动干好工作,主动为学校分忧,为学校增光添彩,主动与损害学校形象的事做斗争。

"足球特色,科技名校"是建设路小学每一位教师默默奉献的结果,也是我们全体教职工用智慧和汗水换来的荣誉。为了创办人民满意的学校,让我们时刻牢记"明德博学,知行日新"的校训,从我做起,从现在做起,自觉成为建设路小学的形象大使。

(许昌市建设路小学校刊《旭章》2013 年 1 月第 2 期卷首语)

德育为先　育人为本

岁月如歌元旦至,风雨兼程又一载。

乘着党的十八届三中全会的东风,伴随着教育改革创新发展的步伐,《旭韵》(德育专刊)经过前一段时间的精心策划和编辑,今天和大家见面了。它凝聚着上级领导的殷切关怀与期望,满载着建设路小学全体师生的心愿与智慧,带着淡淡的墨香,和着新年的节拍如约和大家见面了。

《国家中长期教育改革和发展规划纲要(2010～2020年)》明确提出要坚持德育为先。立德树人,这是学校的根本任务。著名教育家陶行知曾说:"道德是做人的根本,根本一坏,纵然你有一些学问和本领,也无甚用处,并且,没有道德的人,学问和本领愈大,就能为非作恶愈大。"多年来,我们始终坚持"德育为先,育人为本"的办学思想,以"春风化雨,慈严有度"为德育理念,全面加强青少年思想道德建设,把社会主义核心价值观融入教育教学全过程,着力培养学生遵纪守法、诚实守信、团结友善、互助奉献、尊老爱亲的良好品质,引导学生形成正确的世界观、人生观和价值观。通过开展"学雷锋,做新时代中国特色社会主义事业接班人""中国梦·我的梦——争做美德少年"等富有成效的德育实践活动,学校德育工作不断提升,德育队伍不断加强,德育载体不断创新,初步构建了德育首位、全员德育的工作格局。

党的十八大和十八届三中全会的胜利召开,使学校德育工作迎来了快速发展的春天。《旭韵》的创刊,为学校德育工作的开展提供了一个相互学习、沟通交流的平台。它与教育教学刊物《旭章》形成系列,既是学校德育教育发展过程的一个窗口,又是教师收获课改成果、播撒爱心、关爱学生成长的一个新平台。

我们衷心希望全体教师大力支持、积极参与、勇于创新,将闪光的理念、成功的快乐、创新的智慧拿出来与大家一同分享。我们坚信:有大家的辛勤耕耘和共同付出,《旭韵》一定会为建设路小学教育发展的美好明天增光添彩。

让我们一起努力吧!

(许昌市建设路小学德育专刊《旭韵》2014年1月第1期卷首语)

在诵读中成长

中国是一个诗的国度，一个历史文化悠久的诗歌大国。从古至今，诗歌像浓浓的乳汁，养育着一代又一代中华儿女；像酥酥的春雨，滋润着祖国的山河大地。那优秀的诗词歌赋、美文华章常常会让我们阅读时如同亲吻带着露珠的玫瑰、透着淡淡清香的康乃馨……

"集腋成裘，聚沙成塔。"诵读积累是提高学生语文素养和习作能力十分有效的途径，能让我们尽情地享受百花园的芬芳。小学6～13岁的儿童处于记忆的花季，日积月累，春去秋来，积累自然可观。通过读名篇诵名句，积累起丰厚的祖国语言文字底蕴；在诵读中学词、学句、用词造句，为阅读、欣赏、写作打下坚实的基础。同时用中华民族优秀人文精神陶冶情操，净化心灵，让学生们在诵读声中品赏文字美，鉴赏形象美，体验情感美，欣赏音色美，感受韵律美，领略结构美，领悟意境美，探求哲理美，产生浓厚的热爱祖国语言文字的感情，为汉语言文化的博大精深而自豪。

很多卓有成就的名人学者，在回忆自己的成长历程时，都感慨自己当初得益于古诗词的诵读。然而，中国的古诗词好像一座姹紫嫣红的百花园，如果进到园中见花就想采，很快就会"乱花渐欲迷人眼"。为此，我们结合少年儿童的实际情况，精选出一些短小易懂的名篇，编成校本教材《诗海乐苑》。这本教材旨在配合学校特色——诗化校园而创建，为学生开辟一个五彩的诵读园地，让学生走进中华经典诗文，走进与语文相关的课外读物，走进体现具有自我个性的阅读世界，进而营造一个浓郁的书香校园，让学生处处感受到诗文的陶冶，为学生的成长和发展奠基！

《诗海乐苑》集古今诗歌多篇，分为低、中、高三册，每册又分为上期和下期两部分。根据学生的年龄特点，依据课程标准要求一至六年级学生背诵古今优秀诗文160篇（段），低年级版收编了80首诗歌，中年级版收编了100首诗歌，高年级版收编了120首诗歌，由"诗文""译文""拓展链接"三个板块组成。其中，"拓展链接"板块形式多样，富有童趣，像"诗人名片""知识点击台""思维训练营""趣味故事园"等，可读、可写、可画、可做。总之，这本教材主旨是让学生背诵，还有一个用意是"兼容"，就是先学语言板块整体储存，再用其他形式，让学生在大脑中形成初步印象，内化为学生素养，以达到学以致用、活学活用的目的。

我们谨以此书奉献给小读者们,愿同学们在琅琅的诵读声中茁壮成长,愿这棵培植于诗海、散发着传统文化芳香的种子,在兴华校园生根发芽,开花结果!

(许昌市兴华路小学校本教材《诗海乐苑·序言》2010 年 4 月)

平台与窗口

金秋十月，丹桂飘香。在喜迎党的十八大胜利召开之际，我们建设路小学《旭章》经过改版提升，承载着全体老师的期盼，蕴含着深深的祝福，今天和大家见面了。它是学校推进课程改革，全面展示教育教学动态的园地；是教师播撒爱心，培育智慧，总结交流，快乐成长的平台；是了解学校，欣赏教学，享受教育过程的窗口。

教育是党之大计，国之大计。国家振兴，教育为本；教育振兴，教师为本。高素质的教师队伍不仅要关爱学生，教书育人，而且要善于学习，潜心钻研，勤于思考，具有一定的教研能力和科研水平。而这种能力和水平的培养、提高，靠的是我们每一位教师踏踏实实地工作，兢兢业业地学习，孜孜不倦地追求，勤勤恳恳地探索，持之以恒地积累。它是一个钻研的过程，与汗水为伴；更是一个播撒的过程，与辛劳相连。教学研究虽不是"显学"，但也绝非雕虫小技，为则必要其成，故常百倍其功，正如清代袁枚所说："学如弓弩，才如箭镞。识以领之，方能中鹄。"近年来，我校教师为人师表，教书育人，无私奉献，谱写出一曲曲爱岗敬业的赞歌。他们除在课堂上尝试创新大胆改革外，还利用业余时间学习教育理论，参加课题研究，撰写教学论文，记录教育教学足迹，在新课程改革与高效课堂"351"教学模式的探索中成长起来。

翻开《旭章》，一种自豪与喜悦之情涌上心头。《课改一线》栏目中，我看到了张瑞青采取自主学习、品读感悟"战象嘎羧重情义"的高尚情怀，代亚锋为理解"垂直与平行"的关系，师生互商、互动、互探的思维碰撞，尹渊渊扎实的识字教学能力。《教育叙事、教学反思和校园博客》栏目，让我们读到用智慧和大爱书写的深钻业务、不断成长的群体形象：王茹华"呵护孩子的自尊心"体现出教师的爱无处不在；马艳敏"课堂是生成的，思想教育也应该是生成的"是教学机制的捕捉；张丽娟"环环相扣 自然生成"是提升自我的反思历程；还有袁秋娟、吴哲、刘艳兵、黄根卉、王明义……展示出来的不仅是一种愉悦，也是一种思想启迪和创造性成果。

宝剑锋从磨砺出，梅花香自苦寒来。走过了一个又一个让人欣喜的缤

纷季节,我们终于可以在跋涉中自豪地回味一下挑灯夜战、废寝忘食后的快乐,享受茅塞顿开、柳暗花明的惊喜。相信在全体教师的共同关心和努力呵护下,《旭章》一定会越办越好!

(许昌市建设路小学校刊《旭章》2012 年 10 月第 1 期卷首语)

静待花开
——我们这样做教育

　　心中有教育,才能办好教育。作为一名教育工作者,我们清醒地认识到:学校教育不是筛选人而是培养人,应当摒弃一切短视,放眼学生的一生。基于此,我们建设路小学确立了"以人为本,和谐发展"的办学理念,时刻牢记"明德博学,知行日新"的校训,形成了德育为首,素质为重,足球与科技为两翼的创新发展思路。

　　思路确定并实施后,随着教育前进的步伐,老师们的精神面貌悄然发生着改变,让我们欣喜不已的同时,也坚定了我们朝着自己职业理想迈进的信心。

　　多年来,学校始终把德育教育放在首位,形成了"时时育人、事事育人、人人育人"的良好氛围。班级名片、"认星争优,做美德少年"、升旗周主题、落实常规《守则》养成一月一主题活动等,使德育教育更"接地气",内容更具体化,更具吸引力和感染力。丰富多彩的活动使学生懂得爱祖国、爱集体、爱学习、讲文明、讲卫生的道理,在潜移默化中践行"先成人、后成才"的育人理念。

　　办人民满意的教育的核心是以人为本。这是教育工作的崇高目标,也是教育工作者的理想追求。教育工作是传授知识、传递价值、培养人才的工作。一批又一批教育工作者在"优秀教师""师德先进个人"和"诚信标兵"活动中快速成长、脱颖而出。耕耘过程中,他们学会了经常从学生和家长的角度考虑问题,师生关系、教师和家长的关系更加融洽,开展各项工作更加得心应手。课堂教学始终坚持以学生为本,由教师"独唱"变成师生"合唱",不断提高学生的主体意识、问题意识。自主合作探究的学习方式成为课堂的主旋律,素质教育渐渐和学生的幸福、未来、发展紧紧联系起来。

　　"足球特色,科技名校"是我校办学过程中追求的发展目标。从 1999 年学校足球队成立,由市、区足球特色学校发展为省体育足球传统项目学校、省建业足球青少年训练基地,到今天的国家级足球试点学校、国家级体育俱乐部,标志着学校足球在特色办学中的作用与地位;从市级足球冠军,到省长杯足球获奖、国家级 U11 组别冠亚军,承载着建设路小学教练员和运动员无数的汗水;从少数学生了解足球,到周周上足球课、人人做足球操,再到班

班参与足球联赛,体现了全校师生对足球极大的兴趣与爱好。我渐渐地发现,足球已与建设路小学密不可分,运粮河畔的这片绿茵草地上成长起来一批又一批足球苗子并走向远方。

科技的魅力也在深深地吸引着无数学子。瞧,在教学楼走廊橱窗内,展示着不同年级学生的作品。这些种类繁多、琳琅满目的小发明、小制作、小作品记录了学生思维参与的过程。东、北教学楼的楼梯上是科技教育长廊,是学校十多年来开展科技活动情况的缩影,有市、区领导观看学校开展科技教育的瞬间,有教师指导学生开展科技活动的过程,有中央电视台《异想天开》栏目组拍摄现场,更多的是学校从十三届到十八届科技节的活动场面。科技艺术节是学生最喜欢的活动,利用废旧物品制作的奇思妙想小物品、小发明培养了学生的环保意识;色彩鲜艳、线条流畅的科幻画、科普手抄报,展现了学生的丰富想象力;设计别致的精美科普书签,吸引着全校师生驻足观看,赞不绝口。浓浓的科技氛围与多种多样的活动培养了学生动脑动手能力,也充分体现了学生对大自然、对科技的兴趣与探索。

一花一叶一世界。在学校内涵建设上,我们已形成了明确的办学思路和办学方向;在教育教学求索的路上,我们愿做有思想的智者,面向祖国,面向未来;我们愿做教育理想的实践者,勤耕不辍,为建设路小学增添别样的生机与色彩,静待一径花开。

(许昌市建设路小学校刊《旭章》2015 年 11 月第 9 期卷首语)

做有爱心负责任的教师

任何人都具有一定的潜能,甚至是巨大的潜能,且很少能自动表现出来。人的潜能的充分发掘,可以通过教育和学习实现。教育工作者必须认识到,当具备了某种条件时,人的潜能会得到超常发挥。充分认识学生潜能存在的事实与价值,尽可能地使学生的潜能得到发挥和发展,是教育工作者应该努力追求的目标。作为教师,怎样才能把学生的潜能挖掘出来? 又怎样使这种潜能得到发展呢?

一、自觉成为富有爱心的教师

爱是教育成功的基石,爱心是教育好学生的基础和前提。德国哲学家雅斯贝尔斯说过:"教育意味着一棵树摇动另一棵树,一朵云推动另一朵云,一个灵魂唤醒另一个灵魂。"我认为,教育就是一颗爱心培育另一颗爱心,是爱的接力和传递。教育的实质是爱,没有爱就没有教育。全国教书育人楷模于漪认为教育的本质是"育人",浇花要浇根,育人要育心,她用无私的爱,教育、赏识、感化、鼓励一批又一批学生,成为一代名师、教师楷模;2013"感动中国"十大人物格桑德吉放弃拉萨的工作,主动申请到山区乡村小学教学,用博大的爱给山村孩子带去快乐,帮助他们健康成长,成为悬崖边上的护梦人,被评为"最美乡村教师";我校体育教师卢选军带病坚持工作,用真诚的爱践行着爱心教育。是爱,让他们赢得了社会的尊重。爱是什么? 爱是付出,爱是给予,爱意味着奉献,把自己的力量献给所爱的人,为他们创造幸福。

二、做富有责任心的教师

责任是做事的态度,责任心是培养学生的保证。托尔斯泰有一句名言:"一个人若是没有热情,他将一事无成,而热情的基点正是责任心。"对教师而言,责任心是师德的重要内容,也是师德的外在表现。没有责任心,也就没有真正的教育。任何一位真正成功的教师,内心都充满着对学生的责任和职业的使命,就是对学生负责,对每一位学生负责,用自己的真心、真情、真爱去实践肩负着的责任!"十年树木,百年树人。"可见,教师的责任有多大! 正是有了对教育工作的责任心,才会有 2008 年大地震中,叶志平校长所

在的桑枣中学全校两千余名师生无一人伤亡,被称为"史上最牛校长";正是有了对学生的责任心,才会在人们心目中屹立着张米亚老师"摘下我的翅膀,送给你飞翔"的永恒丰碑;正是有了对学生的责任心,才会涌现出一个又一个像于漪、霍懋征、李吉林、于永正、窦桂梅、吴正宪等师德高尚的教育家。是责任,让他们以学生为本;是责任,让他们为教育奉献青春。责任是忠诚,是使命,是敢于担当、能承重、一心为公。作为一名教师,他的责任心有多大,他的人生舞台就有多大,有了责任心,才会收获一个金色的人生。

时代要求我们做人民满意的教师,基本条件是富有爱心和责任心。这样,才能充分挖掘学生的潜能,并使这种潜能得到发展,而这一切要求教师一定要做到心中有爱,肩上有责,真心关爱每一个学生的健康成长。

（许昌市建设路小学校刊《旭章》2014 年 3 月第 4 期卷首语）

开展国学经典教育　触摸中华民族本根

中华文明源远流长,国学经典内聚着中华民族的精神密码和文化基因。作为一个中国人,应该读一读国学经典,沐浴中华文明的阳光雨露,领悟中华文明的智慧诗意。作为许昌市第三届相约经典优秀组织奖单位,市建设路小学近年来结合实际,开展了形式多样的国学经典教育,引领师生触摸中华民族的本根和灵魂。

一、读千古美文,树健全人格

"求木之长者,必固其根本;欲流之远者,必浚其泉源。"中华经典是中华民族传统道德之根,是我们中华民族自立于世界民族之林的骄傲和资本,它博大精深,意存高远,能够感化人、启发人、教育人。开展国学经典教育,让学生每天诵经读典,会使他们的精神面貌发生显著的变化。我们设置了包括《弟子规》《三字经》《论语》《千字文》《道德经》《孝经》《中庸》《春秋》《大学》等传统文化典籍及唐诗宋词在内的校本课程,除每天早晨诵读外,分级段开设经典诵读课,校长带头上课。每周二下午第三节为全校经典诵读课,教导处抽出专人进行检查。学期初规定诵读内容和要求,期末组成师生测评小组,对一学期以来每个年级诵读的情况进行评价,结果纳入期末量化考核。

通过诵读,我们发现,随着对国学经典的背诵与积累,不少学生比以前更有礼貌、更懂事了,对老师更加尊重,同学之间更容易相处了,课间不文明的现象也随之减少了。而且,诵读帮助学生积累了大量的妙词佳句,他们的写作能力不断提高,语文整体素养得以提升。

二、品文化精髓,强文化积淀

经典诵读让学生、教师、家长共同感受中华文化的精髓,在诵读中去感悟古圣先贤文章的境界与诗词的美感,并结合生活实践,从语言感知到情感的融合,这一过程中的最大受益者无疑是学生。如在"见贤思齐,见不贤而内自省也"的《论语》手抄报比赛中,同学们明白了什么叫反思、自省;在迎元旦班级联欢会上,通过自编自演说唱经典新编,学生了解了《孝经》的内涵美德;在学校开设的经典诵读文学社团队活动中,一批爱好国学经典的学子,

每周都会准时相约在一起,在老师的带领下,或诵读,或演唱,或写作……自从上学期开始,学校每周四的晚上六点到七点半,二(5)班的教室内坐满了自愿参加诵读《弟子规》的家长们,这是卢会玲老师义务和家长进行的诵读国学经典课堂,时而诵读,时而讨论,时而互动,这种劲头连最冷的冬季也没有间断。最难忘的是学生参加的由许昌市文明办、许昌市教育局、许昌市建安读书会联合举办的"相约经典 传承文化"经典诵读晋级赛,我校有百余名选手成功晋级。春节期间,五、六年级学生参与许昌电视台、许昌市建安读书会联合举办的大型"撞钟祈福 相约经典"活动,再次让学生感受到中华民族经典文化的博大精深。丰富多彩的活动,形式多样的展示,让这些流传千古的名篇佳句,成为学生思维的认同,并演化为行为的展现,而且交互影响,形成了融学校、家庭、社区为一体的浓厚文化氛围。同时,促进了师生关系、亲子关系、社会关系更加和谐,逐步形成尊师重教、亲子相长的强大文化力量。

三、悟经典内涵,知教育根本

教育的目的是育人,诵读国学经典的目的是润泽、点化。经典诵读带给师生的是温暖和感动,收获的是启迪和教育,不仅是心灵鸡汤,还是营养正餐,净化心灵、陶冶情操、滋养心智、强身健体。通过学习经典,很多老师明白了经典不是拿来背的,而是用来做的。

经过一段时间的诵读,学生在不知不觉中懂得了许多人生道理,如应该以感恩的心去对待自己的父母,应该以乐于助人的心去对待有困难的人,应该以宽容的心去对待犯错的人。在日常生活中,言语行为要适当、得体,要讲信用。正是这种春风化雨式的滋养,悄然引导着学生明辨是非、奋发向上、心存善念、关心社会、尊重自然,自觉弘扬中华民族优秀美德,形成良好的道德品质和行为习惯。

"大学之道,在明明德,在亲民,在止于至善。""苟日新,日日新,又日新。"正是这些经典名句,成为我们建设路小学"明德博学,知行日新"校训的凝练依据,也成为我们落实教育部工作要点中"扎实推进中华经典诵读行动"和践行社会主义核心价值观的具体内容。总之,传承中华优秀传统文化任重而道远。不仅要继承传统,还要与时俱进;不仅要了解内涵,还要博采众长。这样,教师才能在教育教学工作中真正担负起传承人类文明,教化学生思想,推动社会进步的历史责任。

愿广大师生在心灵得到国学经典滋养的同时,汲取中华民族的精神力量,增加骨气和底色,为每一位"建小人"点燃一盏明亮的心灯。

(2016 年 3 月 31 日《许昌晨报》小记者校长手记)

让阅读之花开满心灵

书籍是人类进步的阶梯,是一个人成长过程中必需的精神营养。莎士比亚曾说:"书籍是全世界的营养品。生活里没有书籍,就好像没有阳光,智慧里没有书籍,就好像鸟儿没有了翅膀。"书,不仅在学生时期需要读,更是可以相伴一生的精神伴侣。休谟用形象的比喻,阐述过这样一个道理:心灵是一片田野,不种花,就会长草。要想让心灵不长草,最好的办法是阅读。阅读,能够汲取智慧,能够获得真、获得善、获得美,拥有真善美的心灵,是强大的,是不可战胜的。学生养成了阅读的好习惯,可以愉悦身心,可以为未来成功积累资本,还能在纷繁的世事中保持一份超然。心灵如果盛开阅读的鲜花,就不会有杂草生存的空间;鲜花绽放的心灵,终将结出累累硕果。阅读的人生,是充实的人生;阅读的姿态,是最美的姿态。

阅读的过程就是在和高尚的人对话的过程,是一种心灵的旅行。一本好书,犹如一盏指路的明灯,它引导我们走向光明。为进一步提升学生的阅读能力,使语文教育继承和发扬中华优秀传统文化相融合,体现社会主义核心价值观的引领作用,我们结合学生特点和教育实际,把阅读、积累和语文教学相结合,编写了《聆听花开的声音》一书。

本书的编写依据三条原则。一是思想性原则,选取小学生喜欢的自然风景、琅琅上口的古诗词,传承文化,在阅读积累中树立正确的世界观、人生观、价值观;二是综合性原则,打通中低年级之间的界限,体现大阅读的理念,以供一、二、三年级学生诵读,拓展学生阅读视野;三是趣味性原则,在教材内容设计上,诗词与赏析兼顾,图文并茂,符合小学生的年龄特点和认知特点,具有较强的可读性。

该书在内容设计上结合小学生的认知与年龄特点,由浅入深、由易到难,共分四个部分:儿童诗、现代诗、古诗文和《弟子规》《三字经》。从逻辑内容上考虑,就是从阅读充满情趣的儿童诗,感悟富有哲理的现代诗,到诵读古代优秀经典诗文,再到学习爱父母、爱老师、爱社会、爱自然,让学生怀着一颗感恩的心,长大后奉献社会,报效国家。

"一个人的精神发育史实质就是一个人的阅读史","一个民族的精神境界,在很大程度上取决于全民族的阅读水平"。人民教师,从事的是"花"的事业,耕耘在教育的百花园里。作为一名育花人,带领并引导学生学会阅读

是教育工作者的责任。我相信,在学生成长的过程中,有了阅读的陪伴,加上园丁的精心呵护,随着冬去春来,日积月累,定能培育出无数花蕾挂满枝头,让阅读这朵美丽的鲜花在学生的心里绽放,在校园里盛开!

(许昌市建设路小学校本课程《聆听花开的声音》卷首语,2016 年 8 月)

珍惜缘分　携手前行

——写给名师工作室主持人的悄悄话

亲爱的老师,在魏都教育这个大家庭里,我们因"热爱"二字而相识,因"名师"称谓而相遇,今后将以"工作"而结缘。

6月22日下午,我们召开了魏都区名师工作室第一次会议。魏都区教体局对全区名师工作室前期的申报、组建、评估和命名进行了回顾与总结,对各工作室的成立表示祝贺,对各工作室年度考核细则进行了解读,并对下年度的工作进行了安排。

名师工作室的牌子既是荣誉,更是责任。相信在前期的工作室申报过程中,由于学校场地、硬件、成员组成、资金等方面都会遇到一些问题和困难,最终在学校领导、各部门的支持下顺利解决。我们要用感激的心态,积极的行动投入下一阶段的工作。每个工作室的主题是什么,工作室每月应该开展哪些工作,如何发挥每个骨干成员和青年教师的智慧和才能,如何带领本工作室的成员在师德修养、读书修身、课堂高效、学科内涵等方面进行示范、引领,在校本研修、校际帮扶、区域带动上发挥作用,等等,作为工作室主持人要充分利用暑期时间认真思考、积极谋划。

我受命于局领导的信任,担任全区名师工作室管理办公室主任,既感到光荣,也深感责任重大。我知道自己的水平和能力,若论实践经验、研究能力、创新意识和信息技术水平等,团队的很多人都是我的老师。其实,我也是出于一种喜欢,出于对教育的情怀,才想在自己力所能及的范围内和大家一起学习、成长。

通过接触,我发现大家是一群值得信赖和托付的人。从开会的纪律、听会的专注、记录的翔实和平时的了解,说明大家是一群求真务实、扎实敬业的学科专业领头人。既然缘分让我们走到一起,我也很坦率地亮明自己的观点。管理办公室对各位主持人的要求是:模范带头、示范引领、脚踏实地、辐射带动、公平考核、名副其实。说实话,对名师主持人的各项要求,也是对我自己的要求。如何带领这个团队健康、快速地成长,我压力很大,也有点迷茫。但已经没有了退路,我要在这个高水平的团队中倒逼自己学习、磨炼、进步。

打造学习共同体　团队姿态更美丽

文化街小学的"李旭名校长工作室""张育红名师工作室""赵聪慧名班主任工作室""黄慧敏名师工作室",在专业学习共同体视角下加强工作室建设,以打造专业学习共同体为前提,以"分享、合作"为核心,以共同愿景为纽带,把工作室成员联结在一起,形成了文化街小学教育集团一道亮丽的专业学习共同体风景线。

一、率先垂范,引领专业学习共同体方向

在专业发展上,主持人的自身影响力无疑是十分重要的。李旭校长是中小学正高级教师、省级名师、市级专业技术拔尖人才。她是教师专业成长道路上的领跑者、带头人,不仅坚守在课堂一线,平时还读书修身,在课题研究、教育管理等诸多方面潜心钻研且积极实践。作为四个校区的业务副校长的张育红,常常带头奔走于各个校区教师课堂研磨、学科交流和思维碰撞现场,关键时刻精彩点评,悉心指导。赵聪慧老师常以智慧、创新引领着班主任管理:自主参与的班队课、别开生面的家长会、内容丰富的"惠室文化",都是主持人专业引领的见证。化繁为简、宽松和谐、朴实高效的课堂是黄慧敏老师的一大特色、亮点。她恰当引导,让学生自己发现,积极思考,乐于实践,实现了简简单单教数学,快快乐乐学数学的目的。

二、读书积淀,铺垫专业学习共同体通道

理论乃行动之先导,工作室不仅注重夯实成员的理论基础,更加注重动手能力。如"赵聪慧名班主任工作室"开展的读书交流活动富有成效:读苏霍姆林斯基《给教师的100条建议》,聆听大师的教育智慧;读叶圣陶的《稻草人》,感悟叶老的一颗童心;读李希贵的《为了自由呼吸的教育》,浸润爱生爱教的滋养。各工作室集体研读、讨论分享、自主阅读、读写结合……在阅读之中,工作室成员的心灵得到滋养,理论素养得到不断提升。正是这样的积淀,才使"张育红名师工作室"个人和集体展示的《真爱润泽心田　书籍点亮人生》节目,在6月份开展的魏都区"走进教育经典"读书交流活动中双双获得一等奖。

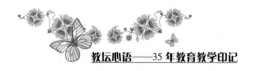

三、课堂实践,淬炼专业学习共同体技能

教师专业学习共同体的发展需要有具体的活动平台。各工作室坚持贯彻"理论与实践并举,探索与务实齐驱"的原则,实施"兼收并蓄,个性发展"的策略,以课堂为基本载体,锤炼学员。如"张育红名师工作室"围绕"促进教师的实践反思和专业成长,提高教师群体效能,充分发挥引领与辐射作用"这一主题,为本工作室教师成长搭建阶梯,开展了丰富多彩的课堂实践活动。全体成员围绕绘本教学主题,进行问题会诊、难点研讨、流程分析、听课评课、互动交流、反思总结,引导全体教师在实践中探索和把握绘本教育规律,探求科学的教育方法,破解绘本教学难题,提高教学效能,在全区工作室24小时赛课活动中取得了优异成绩。正是这一次次打磨历练,才有了青年教师在摸爬滚打中站稳课堂;正是这一次次示范引领,才有了"李旭名校长工作室"的科学管理、务实高效;正是这一次次辐射带动,才有了省内外许多学校的赞誉与好评。

"千淘万漉虽辛苦,吹尽狂沙始到金。"经过一年的专业学习共同体打造,各工作室培养了一批管理、教学骨干,引领着文化街小学教师的专业发展,提升了教师队伍整体素质,推动了魏都区教育优质、均衡、科学发展,认真落实了许昌市提出的基础教育提升三年攻坚计划。

相信文化街小学教育集团的明天更加美好!

(许昌市文化街小学校刊《文化雅韵》2019年6月第39期卷首语)

教师培训与成效

培养和造就一支高素质的教师队伍,需要多方努力。其中,提升区县教师培训机构(即教师发展中心)的教师专业水平就十分重要,这个机构的主体是从事教师培养培训和专业研究指导的研训员,也可以称作"教师的教师"。

　　好的教师师德高尚、学术精湛,能够成为学生的楷模和榜样,甚至成为学生一生学习、追随的偶像。好的研训员除了要具备普通教师基本的素质外,还要具备以下三种能力:一是听评课能力。研训员大都是从一线教师中选拔出来的,有丰富的教学经验,无论是学科教研中的"备课、上课、辅导、作业、评卷"等环节,还是听说评课、培训讲座都能拿得起,放得下。只有这样,才能更好地引导课程方向,指导教师进步。二是问题研究能力。问题意识和研究能力是研训员必备的素养,对教师教育教学中的具体问题进行关注,追踪整个育人过程,使之成为研训员敏锐捕捉的研究成果。三是终身学习能力。无论是参与教研活动、名师工作室开放活动,还是专题培训,都要谦虚勤勉,学会"育人先育己""身教重于言教",不断反思,不断丰厚专业素养,始终做到"不忘初心、牢记使命",立德树人,教书育人。

　　研训实践的过程,是教师专业成长道路上进行自我提升和反省的过程。只有夯实研训教师基本功,才会使教师专业发展的土壤更丰厚,教学质量的提高更有保障。

坚守教育初心

　　"坚守",词典的解释是不顾攻击、危险或艰难任务的重担,具有持久的刚毅和决心来把握或坚持。历史上陶渊明东篱采菊,坚守一份自适;李白醉酒狂歌,坚守一份狂傲;杜甫茅屋疾呼,坚守一份关怀;托尔斯泰高龄出走,坚守一份朴素的心灵和平民的情感……

　　作为一名河南省名师,来到研训的岗位,需要坚守的是一颗教育初心,一种教育情怀,尽管这种坚守有时很难。

　　参加了许昌市"三名"工作室的专项培训,我满怀激情、暗下决心、预设目标、付诸行动。培训这两天,我一直坚持每天写 1000 字随笔,不管文笔如何,是否符合逻辑,硬着头皮也要完成任务。虽然语言不优美,缺少清晰的思路和教育教学理论阐述,但体现了自己的坚持。等到第三天时,连续几天的学习培训,时间紧迫,中午不休息,身体有点吃不消,内心无比矛盾:今天,单位事情较多,回到家已经晚上八点多了,整理一下内务已经九点了,心想不写了,不要对自己太苛刻。可转念一想,自己就这么没有毅力,难道只有专家可以写书,我就不能? 同学周梅芳能带领学校年轻教师出四本《杏坛碎语》,我难道不能? 坚守教育初心,别人能做到的,我同样也能做到! 讲课、做课题、开展教师培训、送教下乡等,我一样也不能落后。我始终坚信"你若盛开,蝴蝶自来;你若精彩,自有安排"。

　　为了坚守,我不会放过每一次提升自己业务的机会。有一次,在学校的北楼计算室举办全区青年教师研修班活动,内容是优教通资源培训。我利用中午休息时间,把教体局急要的一篇材料赶完。下午,我准时参加由物理教研员刘朝安老师进行的"借助班班通平台　提升教师专业技能"培训。虽然内容和方法我已经听过一遍,但在平时使用的过程中,遇到过困难,比如资料下载不下来,所以我要借助这个机会再学习一次。我了解了"班班通"平台的内涵、意义和作用,学会了使用优教通平台资源,对刘老师上课认真负责、学练结合的教学风格和课堂上沟通交流的和谐氛围暗自佩服。随时抓住学习机会,提升语文专业水准,也为自己的坚守提供素材。

　　今天是我立下"坚守"的第十六天。夜很静,滴答的钟声有节奏地响着,指针指向 11 点多,好像是对我坚守的肯定。坚守确实很难,需要毅力,在前进的行囊中你可以什么也不带,但却不能把"坚守"二字忘掉。

　　为了坚守教育情怀,为了实现教育梦想,让自己克服重重困难,去探索、去进取、去历练!

　　坚守很难,我也要做到!

最美的姿态

2018年5月19日上午,我和许昌市基础教学研究室的吕蔚屏老师早早来到魏都区实验学校。今天是周六,能来多少老师听讲座,我心中没有数,因为今天来听讲座的人都是自愿的。

讲座在吕蔚屏老师的主持下开始了。首先我把自己近一个月来阅读的有关思维导图的学习书籍分享给大家;然后我采用理论与实际相结合的方式,结合课例和自己的体会分五部分与大家交流:了解思维导图概念、如何绘制思维导图、思维导图阅读运用、思维导图习作运用、思维导图教学广用;最后吕老师让大家分组进行交流,自主结合开展课题活动。

在近两个小时的读书分享交流活动中,我做了100多张PPT,每张我都尽量把抽象的文字形象化,把自己对思维导图的理解与运用通过图示呈现给大家。经调查,不论国内还是国外教育,特别强调小学语文运用思维导图的少之又少,这个更是需要教师了解的关键。为了让老师明确思维导图在学古诗时的优势,我结合《画》《咏柳》《小池》三首诗,采用"六步导图阅读法",让教师感受思维导图与众不同的教学方法。为了引导大家能快速掌握思维导图的绘制方法和步骤,我采用动态、分解的PPT,每绘制一步,就采用关键词提醒老师们一次。如何让老师认识到思维导图辅助阅读教学有很好的作用呢?我根据大家熟悉的统编教材,结合教材不同文体的特点绘制不同类型的思维导图。让老师们感到最实用的是运用思维导图进行归类复习,因为它具有"梳理"和"压缩"的功能,利用关键词、图形和连线等,可以把一个单元一本书的内容"梳理"并"压缩"成由关键信息及其联系组成的一张图,删除了冗余杂乱的信息,帮助学生建立完整的知识框架体系,厘清各知识点的相互联系。

"思维导图真是太好了!"

"这么实用,我也要在课堂上带着学生尝试一下。"

这是讲座结束后,大家分组讨论时的对话。参与这次活动的200多名教师,来自市直、魏都区、禹州、开发区和建安区等,大家认真听、认真记,有的还进行了录音。会场秩序井然有序,学习氛围浓厚。实践证明,当学习处于

一种自愿、自觉的状态时,每个人都将爆发出一种能量,激发出一种潜能,呈现出语言无法描绘的美丽姿态!

领略"牛人"的课堂智慧

河南省教研室办公室主任申宣成博士在"许昌市'三名'工作室专项培训"时,做了一场"名师成长的三项修炼"专题报告,他讲道:"操千曲而后晓声,观千剑而后识器——研究 500 个课例,你就可以成为课堂教学的专家。"我利用清明节小假期,开始了行动。

15 年前,我在教学中专门研究了作文教学;15 年后,我走上管理岗位,当上了小学副校长、校长。虽然岗位发生了变化,但对教学一线岗位的热爱没有改变,对作文教学的感情一如既往。如今,我来到教师进修学校,负责教师培训工作,我愿意用自己的执着和勤于学习的劲头,把魏都区的作文教学改革提升到一个新的高度。所以,看"牛人"的书、学习"牛人"的课堂智慧、打造自己的教学风格或培训理念,是我今后的不懈追求。

我在网上观看了"牛人"——贾志敏的作文课堂实录《记一件……事》,采用申宣成博士的结构复盘法来读课。结构复盘法是一种商品营销的方法,它包括四个步骤:①回顾目标;②评估结果;③分析原因;④总结。延伸到教学中,复盘模式为:首先进行学情分析,量体裁衣,然后通过活动一、活动二达到学习的目标。结合贾志敏老师这两个课时的作文指导,我认为这是一节贴近学生实际、指导恰如其分的作文课,交给了学生如何观察、如何写具体和生动的方法,帮助学生克服了作文内容空洞无物的毛病。

开课伊始,贾老师告知学生:"一篇作文是由一个个段落组成的,每一个段落是由一个个句子组成的,每一个句子又是由一个个词语组成的。因此,写好作文,就要用好每个词,写好每句话和每段话。"让学生明白词语、句子、段落和整篇作文之间的关系。对初步接触作文的小学三年级学生来讲,学会写一件有意义的事是基本要求,但如何把事件写清楚、写具体、写生动却是难点。为了达到这个目的,贾老师预设了四个教学层次。

一是教会学生"仔细观察"。他以一个橘子为例,通过让学生看颜色、形状、大小,掂轻重,嗅香味,尝味道,很好地抓住了橘子的特征,把仔细观察的方法巧妙地教给学生,这样学生把观察到的写下来,文章就具体了。

二是指导学生"描写生动"。合理的想象是把文章描写生动的方法。贾老师一边结合橘子的特点,一边引导学生进行想象:"颜色——黄中透绿;形状——拳头那么大;闻闻——一股淡淡清香;橘瓣——含苞欲放的花骨

朵……"

三是设置情景,进行练笔。为了避免学生说空话、说套话,不能把一件事写清楚、明白和生动的现象,贾老师采用师生表演小品的方法,先把爷孙俩之间的事儿通过表演的方式呈现一遍,接着把这件事概括为五句话,让学生在心里知道写一件事的大概内容,再逐字逐句扩写,指导学生把每个句子具体化、生动化。学生当堂练习,逐句评价和修改。在老师的鼓励和引导下,学生不知不觉学会了把一件事写生动、写具体。

四是教会学生从不同角度进行作文命题。贾老师告诉学生命题方法多种多样,可以用关键词、短句命题,可以用人称、地点命题,也可以从意义角度命题……恰当的题目是文章的眼睛,能起到揭示文章中心的作用。写作文也是由一句话变成几句话,而后再由几句话变成数十句话、数百句话。

通过这样一节课,学生在轻松愉悦的引导中何愁不会写作文呢?

名师素养

　　2018年3月13日是培训的第三天,我越听越感到自己知识贫乏,感觉自己需要学习的知识太多,与专家相比,差距太大。"牛人"讲的许多内容,对我来说都是新鲜的。经过仔细梳理归类,我概括为以下几个方面:

　　第一,做名师首先要做一个立场坚定、观点鲜明的人。要想当一位有思想、有个性的名师或"牛人",必须树立正确的教育理念,明确教育观点,把自己的教育理念归为某个流派,方可做进一步的研究。华东师范大学刘良华教授把教育分为"程朱理学"和"陆王心学"两派。"程朱理学"是宋明理学的一派,有时会被简称为理学,是指中国宋朝以后由程颢、程颐、朱熹等人发展出来的儒家流派。"陆王心学"是由儒家学者陆九渊、王阳明发展出来的心学简称,因王阳明集其大成,也称"王阳明心学"。对于专家的分类,我感到新鲜、独到。

　　第二,名师要具备专业视野。做教师不能仅仅停留在读书层面。读什么书,读哪类书,一直是困惑我专业成长的问题。专家站在教育发展的角度,为名师推荐几类书:教育哲学类如《教育哲学》;教育改革类如《中国当代教育实验史》《外国教育实验史》;教育名家专著如《陶行知教育论著选》、苏霍姆林斯基的《给教师的建议》;教师书写文体类如《窗边的小豆豆》《学做工》等。我相信,专家推荐的书籍一定是他本人喜爱的,也是教师专业成长积淀底蕴的必备书。在勤奋工作的基础上,把专家推荐的这几十本书好好研读一遍,对教育的认识将会更深刻,视野和思路将会更开阔,最终实现学思用贯通、知信行统一。

　　第三,名师还要具备接受新知的敏锐性。特别是语文教师要有一双善于观察的眼睛,利用对生活的敏锐感,激发学生对语文学科的学习兴趣,并将其转化为习作价值,达到唤醒心灵、传承文化的目的。

　　一天的学习,让我明白,要想成为一位有素养的名师,需要做到"五个铭记"。铭记一:尼采的人生三变:骆驼—狮子—婴儿,反映了人生要想实现自己的梦想,必须经历涅槃重生的痛苦。铭记二:做一个极品的读书人,要读"牛人"的书,用老牛拉车的方法,才能成为"牛人"。铭记三:研究500个课

例,你就可以成为课堂教学的专家。铭记四:课题选题采用"三圈"理论,即你喜欢做什么？你能做什么？选题指南希望你能做什么？铭记五:做一个有梦想的人。

满当当的收获

2018 年 6 月 28 日,是"2018 年河南省义务教育统编教材小学语文二、三年级教材培训会"的第三天,尽管前两天学习大家很辛苦,但今天的会场上仍座无虚席。

第一节课,由郑州师范学院附属小学郭广源老师执教二年级上册口语交际课《看图讲故事》。郭老师运用学习单,引导学生从对一组图的整体感知到对每一幅图的仔细观察;从看着一幅图讲述故事到看着多幅图讲故事;从小组合作讲故事到单独讲故事。课堂上,郭老师以"勇敢地退出,适时地出现"为授课原则,和自主、合作、探究、实践的模式,使学生的交际态度从刚开始时的怯场、紧张、忸怩过渡到放松、自然、主动。在评价的过程中倾听、思索……知识与能力相结合的教学目标完成得水到渠成。

第二节课的老师是我们许昌市健康路小学的李玉亭,她执教的是二年级上册口语交际课《商量》。李老师选择小学生喜爱的卡通形象小猪佩奇作为本次口语交际的主角,由课本中的三个问题引出了三个贴近儿童生活实际的交际话题。李老师创造性地使用教材,巧妙地把教材中原有的话题调换了位置,创设了一个个真实又贴近生活的情景,使交际话题有梯度地呈现。课堂上有生动的情景,有学生真实的沟通,让教材静态的文字动了起来,让无声的教材实现了有声化,让分散的情景做到了整体化。商量的话语体系在"礼貌先行、想法说清、原因说明、真诚沟通"的氛围中轻松形成。

在场的专家、老师给予第二节课很高的评价。河南省小学语文教研员张琳在评课时曾两次提到这节课。第一次说,李老师创造性地使用教材;第二次说,这节课创造了有梯度的交际环境。这不正是对许昌团队的充分肯定吗?正所谓,没有完美的个人,只有完美的团队。感谢省教研室、市教研室给了魏都区教师锻炼的机会。

最后,张琳老师对今天的示范课做了精彩的总结发言。她回顾了新教材使用以来的成绩和问题,指出成绩主要有两个方面:

1.老师们在教学目标的认识和制定方面有了很大的进步,更理性、更科学。

2.课堂风格挺好。无论年龄大小,对课堂的表现都是听说读写,很实在,没有花里胡哨的东西。虽然有的可能不很成熟,但是假以时日,就像开

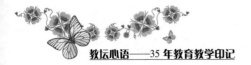
车久了一样,有了一定的公里数后,就会熟能生巧,得心应手。张老师告诫大家,教学靠的不是容貌、表演,要立德树人,《巴黎圣母院》中的加西莫多就是美的典范。品格高的人学问才会好,希望老师们再接再厉,继续努力,不断提升个人素养和教学水平。

她强调的问题主要有以下几方面:

1. 教师的基本功要加强

作为一个语文老师,字写不好不能原谅,要创造条件练字,因为教师的字写得好坏直接影响学生。这次讲课虽然黑板光滑,没有摩擦力,书写有困难,但还是能看出教师之间书写的差距。

2. 教学方面要注意的问题主要是教材解读的偏差

(1)教材解读的偏差。从内容上表现为主题思想把握不够准确,另外是内容理解的偏差。

(2)文体意识的偏差。有的教师只顾品词析句,没有顾及文体;每一种文体该如何教,自己要做到心中有数。

3. 不可过分强调工具性,要注意思想性、工具性和人文性的统一

要注意创造性地使用教材;要真正做到眼中有学生,充分调动学生的积极性;要鼓励学生质疑;教学要有方法;识字教学不能脱离学情,不能太随意,要简化环节;一节课不要堆积过多的方法和目标,应删繁就简。

三天的培训收获满满,我们将认真总结、反思、消化,用初心和行动,把统编教材用好!

在学习中提升

2013 年 11 月 8 日～11 月 14 日,我有幸参加了第七期全国中小学校长高级研修班。在为期一周的学习中,授课教授、校长分别从学校文化建设、学校管理智慧、中西文化差异、学校德育对策、课堂教学方向、学校科研思维方法等方面进行了理论和实践操作解析,既有理论指导,又有实践创新。让我真正领悟到作为一名校长应有的新理念、新思想和现代教育办学模式,深深体会到作为一名校长必须重学习强素质,以人为本抓管理,才能开创学校教育教学工作新局面。

一、学习内容丰富多彩

此次培训学习的主要形式是专题报告和实地考察。我们认真聆听了多场教育专家的精彩报告,这些报告着重阐述了校长如何进行科学管理、提高管理效率。北师大继续教育与教师培训学院副院长黄文峰教授(时任)的"学校文化建设与文化管理"报告,用中西方大量实例,让我们理解学校文化的概念、包含的层面、核心价值、学校文化建设的内容、学校文化建设存在的问题、如何看待一所学校的文化等,希望我们每一位教育工作者都能成为学校文化"真"的追寻者、"善"的传播者、"美"的创造者、"爱"的践行者。北师大教授洪成文的《如何面对媒体与公众:突发事件处理与媒体关系管理》报告,用诙谐幽默的语言、生动具体的实例,展示了作为校长处理学校涉媒事件的决策智慧,如何机智应对媒体,智慧应对危机若干建议。北京西城区育民小学校长翟京华的"怎样做校长"报告,给我留下了深刻印象。翟校长是从一线教师成长起来的。她是一位知识渊博、才华横溢的教育领头人,她的报告实践性强,受到大家称赞。她办学的感悟是"教育如诗",形成了"持正沉稳"的办学气质和"以人为本,育人至上"的办学理念。经过几十年的积淀,形成了"育民十点文化""班主任建设六制""创新教学十制"等特色和经验。特别是她打造学校团队文化的做法,彰显了一位优秀教育工作者的才干与智慧,多次赢得与会人员的掌声。

二、实地考察领略名校风采

在本次学习中,我们实地参观了北京市东城区重点学校崇文小学。崇

文小学科学的教育理念、先进的办学经验、鲜活的发展特色和丰富的文化内涵,给我们留下了深刻的印象,让我们拓宽了思路,开阔了视野。我们先来到学校多功能厅,听了一堂一年级语文课——《菜园里》,观看了学校的大课间活动,然后重点聆听了副校长裴燕《创建学校特色,为师生发展服务》的专题报告,最后参观了校园。崇文小学建立于1960年,当时是为解决出国人员子女就学问题建立的一所全寄宿公办学校,是为中国外交事务服务的。"文化大革命"期间停办,20世纪80年代恢复办学,2003年北京新东城改造搬迁至此,为学校发展提供了新的机会和平台。崇文小学经过六年多的实践探索,在新课程背景下,构建"以情移情"素质教育育人模式,逐步形成了自己的办学特色。短暂的参观学习,给我的印象深刻:崇文小学走科学探究之路,从教育口号、教育格言等发展成为"以情移情"的办学理念。核心是以情为中心磁场,让情感飞扬,用教师的情感影响学生的情感,让伙伴之间的情感互动起来,让家长的情感融合进来,形成教育共同体。他们用爱、用情、用心做教育,打造高尚的师德队伍;他们努力培养拥有伦理认知,充满感恩之情和责任感的社会人;他们开展自主、探究、有效的教学研究,让课堂充满生命活力和激情;他们尝试让亲情涌动,用充满爱的情怀建设温馨家园;他们追求和谐发展、充满人文氛围的校园环境建设。他们最终的办学目标是培养学生用爱、用情、用心面对社会生活,走向社会生活,做一个对社会有用的人。

通过参观学习,我们领略了名校风采,感悟了名校的办学思路及特色,感受到了名校浓厚的文化氛围。我深深地感到这是一次启迪智慧、涤荡心灵、终生难忘的学习之旅。作为一名小学校长,我在欣喜、激动、充实之余,更多的是切实的感受和深深的思考。如果把每一位专家所讲的内容吸取一两点,在工作中深入开展下去,坚持下来,对我的教育工作就是一个巨大的推动。

三、收获丰厚

1. 加强学习与思考,提高自身管理水平

校长不仅仅是行政管理者的角色,更是教师专业成长的引领者,学校文化的塑造者和教育的思想者。翟京华校长、宋怡校长、裴燕校长给我们留下了深刻的印象,他们用自己对教育的理解办教育,引领着老师做教育。做教师的引领者,就必须加强自身学习,多读书,多思考,把读书思考作为工作状

态,排除一切干扰,静下心来思考、研究教育问题,提高自身管理能力与思想认识。

2.以人为本,人性化管理营造和谐的教育环境

人性化管理一直是我奉行的管理原则,管理中体现服务、尊重、信任,服务每一位教师,为每一位教师创造学习与发展的机会。一是发挥评价的引领作用,在评价中体现人文性,下一步须在评价方面进一步改革。借鉴北京市崇文小学"创意考试"的一些做法,在减负评价上进一步改革。二是引导教师体验成功,体验快乐。这应该是较难的一点。目前,教师当中普遍存在心理压力较大的现象,缓解教师压力,提高教师的幸福指数应引起每一位校长高度重视。在平时的常规检查及听课中及时帮助教师总结成功的经验、做法,予以表扬和推广。三是善于鼓励教师,鼓励方式可以是语言的、书面的、肢体的,要善于发现每位教师的优点,尊重每一位教师,认真对待每一位教师的意见与建议。

3.构建学习型组织,促进教师专业成长

要引领大家读书学习。校长推荐文章引导教师学习,这个办法很好,要结合学校实际,形成学习制度,持之以恒地开展下去。要创造条件让教师读书,给教师买书,大家共读一本书。建立常态化学习制度,关键在平时引导,贵在坚持。

4.注重沟通,形成团队共识

校长不仅是学校的组织者、领导者,同时也是广大师生的服务者、引领者。只有广读书、多沟通、善反思、重实践,具有广博的知识、扎实的功底、超前的思维,才能服务、引领团队向着更高的目标前进。

一要做一名称职的管理者。加强个人修养,提高自身素质,以身作则,为人师表,用自己的人格魅力感染教职工。努力提高自己的管理能力,勤于管理,善于用人,以人为本,民主治校。

二要有一个好心态。细节决定成功,心态决定一切。应做到让自己的天空常蓝,让别人的内心温暖。要有一颗平常心。要有亲和力,应具备一定的沟通能力。要扬人之长,念人之功,谅人之过,帮人之难。

三要有明确的管理理念。作为管理者,管理学校首先应是思想的领导,要有明确的办学思想、办学目标、办学理念。办学思想是推动学校可持续发展,形成特色学校的重要思想基础。观念需要前卫,具有超前导向型。具体落实到学校的发展中,即必须走超常规、高质量、可持续、良性循环的发展道

路,必须与时俱进,不断创新。

四要有更高的管理意识。一个优秀的管理者必须站在时代的高度,站在未来的高度,站在发展的高度,不断地为学校寻找新的"奶酪"。做好教育必须善于谋大事,促使学校可持续发展,办人民满意的学校。教育的本质就是文化与精神的传承,需要用一生来完成。

课堂因高效而精彩

尊敬的各位领导、专家、老师：

大家好！

在这风和日丽、绿色正浓的6月，我们迎来了区高效课堂研修班结业展示。今天我作为辅导教师代表向各位领导、专家、老师汇报自己的学习心得，感到十分荣幸，真诚感谢大家给我提供这么难得的一次学习交流的机会。

下面我从三个方面谈谈自己的感受。

一、认识因参与而提高

探索"351"教学模式，打造高效课堂是魏都区教育系统近年来开展素质教育的重大举措。如何打造一支业务精湛、技能高强的教师队伍，促进全区教学质量再上新台阶呢？区教育系统在2010年下半年组建了高效课堂研修班，由来自各个学校的骨干教师、学科带头人组成。班内学员业务能力强、整体水平高，是以前培训班少有的。我被确定为这个班的授课教师之一，专题是"关于高效课堂教学目标"。说实在话，压力非常大。为了让学员有所得、有所悟，近两个月时间，我翻阅了大量有关"高效课堂教学目标"的书籍，下载近百页的资料，收集了小学课本上不同类型课文教学目标的设定方式和内容。经过一次又一次的细读、琢磨，才动笔写讲课稿。成稿后专门请教了教育专家胡德田主任，反复修改后做成PPT。上课前一周我走进课堂，认真了解、学习其他作课老师的经验，根据学员实际再对讲稿进行修改。正是有了这样的学习机会，我对自己讲解高效课堂目标、三维目标等内容有了更加全面的认识，也初步掌握了预设清晰、准确的高效课堂教学目标的方法。

二、课堂因历练而高效

我被指定为高效课堂展示课例吴冰老师的指导教师。吴老师是市级骨干教师，无论是教材把握，还是课堂驾驭能力都是很棒的，于是，我把这个任务当作一次学习的机会。虚心好学又谦虚的吴老师，从教材的选取到一次又一次的试讲课多次征求我的意见，我们也利用学校"课堂专家会诊"的机会邀请胡主任全面指导。临近展示课的前两天，我们把胡德田主任的建议

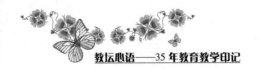

结合课堂实际进行修改,请来高效课堂的班主任刘彩霞老师再听、再议。几经磨炼的吴老师对教材、对学生特点、对课堂生成已经了然于胸,所以面对区级众多业务骨干和教育教学专家,也能胸有成竹地去展示,去交流。值得感谢的是,吴老师作课那天,风特别大,天气非常炎热,加上学校门前正在修路,有的老师几经周折才来到学校,老师们克服了重重困难,按时来到我们兴华路小学指导教学工作。看到那么多名师高手真诚、谦虚地帮助我们探讨高效课堂的方方面面,吴老师脸上露出灿烂的笑容,我作为辅导教师也很感动。

三、学习因交流而充实

这次培训,无论对于我们辅导教师还是各位学员,都是一次难得的充电机会。我们虽然是各个学校教学中的骨干力量,但站在新的知识前沿和高度,如何进一步打造高效课堂,带动学校教育教学质量进一步提升,是摆在我们每一个人面前现实的课题。今天,教体局和进修学校给我们提供了一个再学习、再提高的机会,让我们聚集在一起,在学习中充实,在交流中分享,在合作中共进,在感悟中提升。这种经历和体验是一笔宝贵的精神财富,值得珍视和收藏。我们不仅解决了一些教育教学实践中的困惑,增强了信心,而且结交了朋友。更重要的是,无论是进修学校的教研员,还是来自各个学校的授课教师,他们对待工作高度的责任感和无私的奉献精神,给大家留下了非常深刻的印象,这必将成为我们今后前进的动力。我们坚信,有各级领导的大力支持,有各位专家的指导和帮助,有我们自身的勤奋努力,我们都会成为高效课堂实践的精兵强将。也希望我们一起,在今后漫长的教育征程上,不忘教育初心,牢记立德树人使命,秉承自己的教育理想,树立终身学习的理念;在广阔的教育舞台上,挥洒热情,播种希望,培植幸福,放飞梦想,用辛勤劳动和科学态度担当起时代赋予我们的责任。

最后,再次感谢教体局和进修学校的领导对我们的关心与厚爱,感谢各位老师给我们学习和锻炼的机会。祝大家身体健康、工作顺利、万事如意!

(本文系作者于 2011 年 6 月在魏都区高效课堂研修班结业展示会上代表优秀指导教师的发言稿)

一颗向上的心

我是一个喜欢精进业务的人,也许我就是这个命。只要有专业人员给我安排,让我去完成任务,我就高兴得不得了。2019年9月17日早上刚起床,就接到许昌市基础教研室吕蔚屏老师的短信:"兰月,拟计划本月最后几天召开教研员培训会,想让你做一次讲座。上午有时间到我们单位,商议一下。"有了吕老师的召唤,我非常高兴,于是秒回"好的"。

淅淅沥沥的秋雨滋润着大地,也润泽着我努力向上的心。我急忙找来上一次在全市进行的思维导图讲座稿子,把吕蔚屏老师主持的省级课题的开题报告拿出来,对课题研究的内容、研究的重难点了解一遍。我边走边思忖着:如何来做这个专题讲座呢?从哪个角度去着手呢?关于思维导图的课题研究已到了中期评估,一年来,课题组成员在吕老师的带领下,参与试验的教师150多人,分成市直团队、魏都区团队、禹州团队、长葛团队四个大组,对思维导图在阅读教学、习作教学中的运用进行探索。我作为魏都区团队的组长,建议工作室主持人利用区级开放活动进行展示,申报区级、市级、校级课题进行推进。在大家的努力下,魏都区不少教师大胆使用思维导图,助力小学语文教学质量提升。但如何把全市小学语文运用思维导图的做法或情况总结出来,我感觉有一定的难度。吕老师有什么好的建议,她又能给我支些什么高招,我期待着。

见多识广而又业务精湛的吕蔚屏,不但年轻、漂亮,是许昌小语学科公认的高颜值美女,而且是"知识渊博、有涵养、有魅力的教研员"。经过多次接触,我最佩服的是她那种善于学习、勤于思考,能写作、有毅力,高标准、严要求完成任务的敬业、奉献精神。我正需要这样的指导和历练。一个多小时的时间里,我们谈思维导图的活动安排,包括活动的时间、形式、内容;交流市级小语教研活动的重难点和课改方向,重点统编教材在全年级铺开后的新要求、新变化;特别是对我将要进行的专题讲座方式、内容提出建议;可以通过案例呈现思维导图在阅读和习作中的运用方法,结合统编教材明确思维导图的优势,并在开题报告基础上有所推进。

听到这些,我心中的压力顿时冲淡了接到任务时的喜悦,接下来就是对我能力的考验和挑战。于是,我联系了李丛梅副校长、李华副校长等人,让她们发动自己学校的教师提供有关思维导图的教学设计,说课和教学反思

等原始材料,以便为这次讲座和课题的中期报告提供第一手资料。我相信虽然有困难,但这些应该都是暂时的,等到本周四,我把魏都区"家校合作共育未来"这个培训会上的讲座结束,就可以腾出手来,全力以赴投入这个讲座的准备。

我急切呼唤自己加油、努力,克服困难,给吕老师一个满意的答复,也给自己一份满意的答卷。

浓浓小语情

2018 年 8 月 24 日，新学期第一天，我向小学语文教研员陈喜玲请教，请她对我暑期准备的统编教材讲座内容提提建议。

我把讲座初稿拿出来，想让陈老师在新教材变化的细节及与教师交流的方式上把把关。尽管自己已经从事教育教学工作 30 多年，但多年的学校管理工作占去了我很多精力。其间，我也一直坚守着课堂教学、听评课、教研活动和课题研究，始终未敢有丝毫懈怠，但教材变化、课堂改革和信息化教育教学融合，有时还真是让我感觉"赶不上趟儿"。来到教师进修学校后，我抓住一切学习、听课和培训机会，努力地充电。这次我主动把暑期参加省级教材学习的内容进行了再学习，又与陈老师结合，准备在全区小学语文教研活动时进行一次专题讲座。题目是陈老师出的，内容是我暑期自学的初步成果，我主动请陈老师做指导。

一向喜爱小学语文教研工作的陈老师，对学科教学有着深厚的感情，无论何时，她都会对虚心求教的老师倾心、耐心地进行指导。只见她拿出笔一字一句地开始修改，她一边把"部编"二字中的"部"改为"统"，一边说："现在所有的新教材不再讲人教版或部编教材，一律改为统编教材，你把文中所有的这个说法都改过来。"我忽然想起上次在郑州培训期间省级教研员张琳曾纠正过，不禁为自己的不用心而羞愧，连这关键的用词都会出错，真是不应该。接着，她逐字逐句地默读，发现错别字、排版和标点不合适的地方都一一订正。特别是就讲座中的关键词如何理解、如何与老师交流、如何紧扣"语文要素的落实"角度都与我进行了深度交流。我细心地聆听，认真思考，佩服之情油然而生。陈老师讲得兴奋，说得有理，气氛随着阅读文字的进程时而沉静、时而热烈、时而欢愉……充分体现了小语人对教育的热爱与执着。

不知不觉已经过了下班时间，校园内静悄悄的。我暗暗下决心，要把自己对陈老师的感激和敬意融入讲座中，努力使这次活动精彩、圆满、成功。

辛苦而甜蜜的挑战

2018 年 9 月 11 日下午,是我最开心的半天,也是辛苦的半天。我带病给"2018 年'省培计划'——河南省小学语文骨干教师培养对象"培训大会进行了近三个小时《谈思维导图在小学语文教学中的运用》的专题讲座。

上午从许昌坐高铁到郑州,赶到郑州师范学院(东校区)。下午 2 点 15 分,我在郑州师范学院范冬冬老师的带领下,来到教学楼 A301 室。这是个能容纳近 200 人的阶梯教室,学员陆续签到,我连忙打开自己带的电脑,调试与多媒体连接。我不想坐下讲,一方面显得不尊重学员,另一方面与学员交流不便,课堂会显得沉闷。临时决定站着讲,这对我也是一种挑战。学员知道我带病坚持上课,话筒也坏了,教室里格外安静。

第一个环节是我进行的现场调查。我抛出了五个问题,请学员配合。

1. 在日常工作或学习中使用过思维导图的老师请举手。(有 10 人,占听课老师的 1/10。我心中暗喜,今天我的讲座将会把在座的大部分老师带到一个新的知识领域。)

2. 会绘制思维导图的老师请举手。(有 6 人。看来老师们掌握点思维导图的绘制方法还是很有必要。掌握绘制方法,也是今天我讲座应达到的目标之一。)

3. 在语文教学中经常使用思维导图的老师请举手。(2 人。我记得在全省范围内,还有两位教师在语文教学中经常使用思维导图,他们的使用情况如何,我下课后要与他们交流一下。)

4. 在语文教学中进行过思维导图专题研究的老师请举手。(无人。难怪我们吕老师主持的《运用思维导图优化小学语文教学的实践研究》立项成功,并确立为 2018 年度河南省基础教育教学研究重点课题,思维导图运用在河南省小学语文教学这一块确实是个空白。)

5. 请愿意使用思维导图提高语文课堂效率的老师举手。(全体举手。我欣喜,大家都愿意了解思维导图,并且愿意使用。)

接着我找了两位老师,请他们谈谈对思维导图的了解。(一位老师谈了自己在复习时曾尝试过使用思维导图的例子,能很好地帮助梳理知识。另一位年轻老师谈自己在进行专业知识考试时,发现一种思维导图软件,自己尝试使用,很好地帮助自己进行知识点的归纳。两位老师谈的虽然不是很

专业,但很好地突出了思维导图的作用,为下面我讲的内容做了铺垫。)

接下来,我从思维导图实用概述讲起,让老师们了解思维导图的三大特点;又讲到目前国际、国内教学领域运用思维导图的现状,让老师们明白思维导图的功能。

讲座中间,我设置了第二个互动环节:猜测。

我在 PPT 上出示了"红色"一词,然后随机问:"看到这个词,你脑中第一个想到的词是什么?"这个问题一点不难,答案说什么都行,我都进行肯定和鼓励。这个互动环节的目的是想调动老师们参与学习的积极性,让他们了解辐射思维的特点。

讲座结束前的二十分钟,我设计了第三个互动环节:动起来。"请老师们根据今天讲的内容提纲和重点,两人合作绘制一张思维导图,能配上图更好。"常言道,眼高手低,老师们真正做起来才感受到它的难度。大部分老师都能够根据要求画出思维导图的主要内容,也知道运用多种色彩,对各级分支进行区分,但个别老师对围绕思维导图中心进行绘制分支时色彩把握不好,不知道朝一个方向的所有分支颜色是一样的,如导图向右的一级分支是绿色的,那二级分支、三级分支的颜色也是绿色的;向下的一级分支,是红色的,二级、三级分支也是红色的,以此类推。有个别老师的思维导图存在的问题是:围绕着中心词,把所有的一级分支画成红色,二级分支画成绿色,三级分支画成黄色。出现这种情况,也在我预料中。针对这种情况,我首先选取了三幅优秀的作业让大家一起评价,以便及时指出不足;然后四人小组进行交换评价,表扬优秀的合作伙伴;最后推出小组代表谈自己的收获。

今天下午进行的三个互动环节,改变了我是主角,教师被动听讲的局面。在整个参与互动的过程中,教师学习热情高涨,劲头十足,我特别开心。

后来,教师们进行练习的优秀思维导图作业成了班主任发朋友圈的骄傲。一次讲座,只要能够激励和唤醒教师参与学习的积极性,哪怕只有一点点,就达到了培训的目的,再辛苦也是值得的!

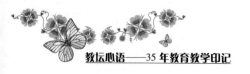

在挫折中继续前进

2018年10月30日～31日,我怀着学习的心态,到安阳市参加了2018年河南省校本教研暨基础教研重点课题交流推进会。会议时间虽然只有两天,但内容丰富多彩、高效务实,取得了很好的效果。

我作为2017年度河南省基础教研重点课题的主持人,对这次课题交流会高度重视。为了更好地体现课题活动的实效性,中期评估报告主要交流如何把握重点、PPT的插入美化和五分钟的时间把握等。

小学语文组的课题交流共有18位老师,内容分中期评估和开题报告两部分。前一部分是中期评估,我抽到7号。前六位老师的交流,各有千秋。轮到我了,结合自己的准备,我信心满满。

我的交流图文并茂,重点突出,时间恰到好处。交流结束后,几位老师都说效果好,但小语专家张琳并没有推荐我的课题进入下午的交流。她的总结点评让我真正明白了自己的弱项在哪里。

她语重心长地说,今年的中期评估和开题报告选点视野比较开阔,能够抓住关键点和关键词——目前教育需要解决的问题,体现了老师的智慧和进步。这值得欣喜,也难能可贵。立个课题很不容易,需要大家不断学习和深度思考,需要静下心来踏实去做,才利于教师的进步。她希望大家能做到以下四个方面:

一是要有实用性。在做课题时要有一颗虔诚的心,端正学风和研究风气。可以从内容、方法和理论创新三个维度来进行研究。

二是实证性。强调用案例研究和行动研究来证明成果,这是教师的强项,因为典型的案例阐述更有说服力。要注意不要想当然。课题中的任何概念、理论依据必须来自正规出版物,不可在网上找一些似是而非的概念。

三是实操性。拿出来的东西可以模仿、复制,别人能用。要善于提炼方法,有价值的课题是可以转化为成果产生科学价值的。

四是科学性。要聚焦中心词。选题出来后,要再次审视你的课题,选点要小,分类要标准统一。要厘清概念问题。做课题要聚焦学习、讨论、思考、行动和写作。中期报告要看到变化,体现发展。

总之,做课题的过程会很辛苦,但我也相信所有的辛苦都会化作光,照亮自己前进的方向,给自己带来喜悦。奋斗自有乐趣,这个乐趣就在于生命的成长。因为再也没有什么能比生命的生长更能带给人欢悦,我时刻不会放弃生长。我给自己加油、鼓劲!

享受专业成长的快乐

宝剑锋从磨砺出,梅花香自苦寒来。成长是快乐的,有时也会伴随着痛。2019年10月的一周内,我连续进行了三场有关"思维导图运用"的培训,再次体会到这个道理。

我是一个酷爱教师专业的愚人、傻人和痴人。为了做好河南省基础教研室重点课题"运用思维导图优化小学语文教学的实践研究",完成吕蔚屏老师交给我的中期评估主报告任务,国庆节前的半个多月,每天晚上11:30之前,我都会坐在书房阅读书籍,查阅、收集研究资料,总结独到做法。国庆节七天长假中,我完成了文字的初稿。接着,进行PPT的制作:一遍一遍对内容进行修改,一句一句对逻辑进行推敲,一次一次对色彩进行调整,终于在10月7日完成了讲座的内容,我也长出了一口气。

国庆节后,预设的市级讲座推迟到了10月中旬,这给再次修改PPT和熟悉内容留出了时间,但三次培训时间集中在一周了。许昌学院2019"国培计划"教师培训班的授课、全区小学语文高年级教研活动,都是需要我用心做好的工作。由于三个培训对象不同,需求不同,白天除了做好单位常规工作外,晚上还要调整讲座内容和课件,12点前没有休息过。

10月14日中午,下班已是12:50。为了上好许昌学院的2019"国培计划"乡村中小学专业能力建设项目——骨干教师提升培训课,我吃了点简餐,14:10准时到达许昌学院的国培楼教室,以饱满的精神状态开始了我的讲座。三个小时的讲座,我把思维导图的概念、功能、类型、绘制方法及思维导图在阅读教学和习作教学中的运用一一道来。课堂上,学员发言、绘制导图、现场讲评的笑声不断、掌声不停。学员肯定的目光和融洽的课堂氛围,让我体会到专业成长带给自己的快乐与满足!

18日上午,是魏都区四至六年级语文教研活动时间,来自全区的200多名教师参加了活动。此次培训的目的是让魏都区语文教师深层了解思维导图辅助阅读、习作的作用,激发教师使用思维导图的积极性。讲座前,我走进课堂查看试验课题师生使用思维导图的实效,参与教师绘制思维导图的活动,了解不同年级教师的需求。两个多小时的讲座,让在座的老师对思维导图的概念、使用方法和统编教材中如何进行整本书的阅读、如何进行整体备课、如何把握整体单元目标、如何突破重难点有了比较全面的了解和认

识,也为有心在自己教学实践中运用思维导图的老师提供了帮助和可借鉴的方法。反思这次讲座,我认为有三个亮点:一是题目《运用思维导图 助力语文教学》出示后,以培养学生语文核心素养为开场,符合当前教育发展的要求,也符合统编教材编写的目的,一下子吸引了在座老师的注意力。二是结合统编教材课例,把阅读教学中提炼的"5A式导图法"和习作教学的十几种方法,简练、清晰地与各位老师们分享,让大家了解思维导图的运用是简单的、有趣的,也是很好操作的。三是"注意事项",就是绘制思维导图的误区。是我自己在实践中的思考与总结,能够帮助教师在上课时不走弯路。这次讲座对于一线教师来讲都是干货,深受大家欢迎。

10月19日,是一个令人难忘的日子。一群来自全市、区(县)的200多位自愿跟随吕蔚屏老师进行思维导图研究探索的小语人,相聚在魏都区实验学校。在市教研员吕蔚屏的主持下,河南省重点课题"运用思维导图优化小学语文教学的实践研究"中期研讨会整整进行了一天时间。上午,我作为魏都区团队代表以"如何运用思维导图优化小学语文教学的实践研究"为题做了主题报告,结合统编教材课例,把利用思维导图促进阅读教学形成的"5A式导图法"(围绕教学内容,可以在"单元练习、目标要求、主要内容、突破难点、能力培养"五个角度入手梳理信息绘制思维导图)和习作构思"343SK"("3"指三叙记事导图法,"4"指四关系写人导图法,中间的"3"指三顺序装物导图法,"SK"指时空写景导图法)的导图模式进行详细讲述,让老师们耳目一新。台下充足的准备和平时的多次历练,让我对自己的讲座信心十足。我不慌不忙地与老师们开展交流,分享中充满思维碰撞,激发着大家学习的热情。大家在交流中用心听,认真记,力争把思维导图更好地运用到小学语文教学中。

周六晚上,我两眼通红,颈椎疼痛,脑子昏昏沉沉,感觉累极了,这一周身体确实超负荷了。但想到自己能给老师们带来一些教学上的帮助,能够让学生在学习上少走弯路,自己苦点累点又算什么。

我就是这样一个人,干什么都"太认真"。我喜欢教师这个职业,喜欢在小语专业成长道路上探索和付出。能够分享教师专业成长的观点与思考,是我的责任,也是义务。35年的教育教学生涯,我充分享受着做一名教师的快乐与幸福。如今,我沉浸在小语统编教材的探索之中,专注于教师专业共同体成长的培训过程中!

附　录

桃李不言

——记健康路小学副校长陶兰月

卢艳华

桃李不言,下自成蹊。原意是桃树和李子树不主动招引人,但人们都来看它们开出的鲜花,采摘它们结出的果实,在树下走来走去,走成了一条小路。比喻为人真诚、忠实、正直、品德好,用不着自我宣传,就能赢得老师、学生和家长的尊重和喜爱。我们学校的陶兰月副校长就是这样的人。

从她担任我校主管教学的业务校长以来,经历了风雨坎坷、酸甜苦辣,体味了其中的辛酸和无奈。其间,有信任、理解,也不乏抱怨、抵触,但她都默默地扛过来了,接纳建议,创新方法。而今,老师们再来评价她时,最常用到的一个词就是"认真"。可能有的人会说:"认真"是多么平常的一个词呀!不要小看这个普通的词汇,毛主席有句名言:"世界上怕就怕'认真'二字,共产党就最讲认真。"西方国家也有一句名言:"上帝也怕认真的。"用"认真"二字来形容陶校长那平淡而又不平凡的工作最为贴切。如同这两个字一样,她的工作无华丽可描绘,无轰轰烈烈可描写,有的只是默默苦干,任劳任怨。相信见过陶校长听课记录的老师们心中都会涌动起一种感觉——敬佩。厚厚的一摞记录本,数一数,一学期听课达80~100节,而且每节课记录详细,评价及时,堪称示范。难怪在一次督导评估时,区教体局一位领导翻阅完她那整整六本详尽的听课记录后,惊异而又感慨地说:"走过这么多学校,你是我见过的唯一一位把工作做得这么深入的业务校长。这也是你们学校近几年教学质量快速提升的原因吧!"

她对工作的态度,大家有目共睹,我更是深有体会。我到教科处后,其中一项分工是负责校报的组稿、画版、校对。最初,我没把这项工作放在心上,认为轻轻松松就可搞定。当我把自己首次独立完成的样稿摆放在她面前审阅时,是充满自信的。可当我取回样稿时,却惊呆了,样稿已被修改得面目全非:"这个标点你再推敲推敲;辅导老师的名字应变换字体;照片的形状设置成圆角方形会更美;一定不能忽视错别字……"我暗自惭愧,没想到小小的校报后面有这么严格的要求和细微的工作,更被陶校长这一字一句认真核对、精益求精的工作态度所折服,她成了我工作中的榜样。每期校

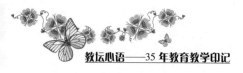

报、校刊定稿前她都要详审一遍,并亲自到印刷厂参与最后的印制环节。如今,校报已出版 65 期,经典文诵读专集、教师基本功集锦、优秀案例汇编、发展与创新教育年会专刊、爱心评语荟萃等纷纷问世,一期期校报见证着她的心血,一期期校刊凝聚着她的汗水。所以,"认真"二字是她最真实的写照。工作认真,学习认真,做事认真,做人认真。"认真"是老师们给予她最真诚的评价。简单的一个词涵盖了大家对她的信任、理解、肯定、支持、敬慕、佩服。"其身正,不令而行。"在她这只头羊默默的带领下,健康路小学的教育教学工作打开了新局面,开创了新天地,赢得了家长的信赖和社会的认可。但每每谈起她在这其中的功劳时,她总是谦虚地一笑说:"上有决策者,下有劳动者,若论功劳,他们比我付出的多。"

她相信每个人都有积极向上的愿望,都有被别人认可的需求;她尊重教师的个性差异,理解教师;她用欣赏的眼光去赏识教师,从不吝啬自己对教师的赞美,她相信每一位教师都是优秀的,每位教师的教学特点、工作态度、先进事例、为人处世的闪光之处都被她用心记录下来,在适当的时候适度放大,使其折射。她总是创造一切机会为教师提供成长平台,慢慢地,一批批青年教师脱颖而出:高鸽老师获省优质课一等奖;颜俊芳老师获省优质课一等奖;高晓珍老师代表许昌市到省里参赛;在 2008 年的"全国发展与创新教育年会"上,更有一大批语文教师崭露头角。作为一名业务校长,她表现出了一种包容,一种气度,一种超越。在她的鼓励下,不同学科、不同年龄的教师蓄势待发。她所做的这一切就源于她心中的那句话:站在老师的立场当校长。

在一次教师之间的随意交流中,我听到这样一段话:"陶校长太让我感动了,比赛前的一天晚上,我参赛时穿的毛衣太皱,宾馆又没有熨斗,陶校长就用茶杯倒上开水,将我的衣服平铺在桌子上熨烫,水凉了,换掉,再凉,再换,一点点地压,一寸寸地烫,整整忙活了一个小时,直到她满意为止。睡觉前,她又坐在床上帮我预设课前谈话,告诉我应注意的细节问题,从话筒的摆放,到赛场的站姿,再到评价语的口吻、现场走动的频率,都交代得一清二楚。她考虑问题真是太周到、太全面了!"这是颜俊芳老师从济源参加省优质课凯旋后,发自肺腑的一段话。那一杯杯水何止是熨平了一件衣服,更是温暖了颜老师的一颗心,在这暖暖爱意的包裹中,颜老师一举夺下了省优质课一等奖的桂冠,被省教研员称为"这次比赛中非常优秀的一节课"。是呀,这里面蕴含着颜俊芳老师的心血,也渗透着陶校长的汗水。曾多少次,我碰

到过她们共同讨论、共同研究的场面；又有多少次，我看到过她陪同颜老师反复试讲的身影。如果说我们能在教学之路上走得够快，看得够远，那是因为我们有一位陶兰月这样的好校长。

她像一株兰，严寒不凋，芬芳高洁，清香四溢，入画入歌皆不愧，也宜春色也宜秋。她像一轮明月，皎洁、恬淡的月光，照亮我们前进的路。

（本文系作者 2009 年 9 月在健康路小学庆祝教师节大会上的演讲）

殷殷支教情

——大同街小学教师陶兰月二三事

文　心

　　她是一名普通的小学教师。为了乡村小学生那一张张可爱的笑脸,她毅然报名下乡支教两年。她就是魏都区优秀骨干教师、学科带头人,大同街小学原教导主任——陶兰月。

　　1996 年 8 月,陶兰月通过学校公开竞聘走上了大同街小学教导主任的岗位。1999 年 9 月,陶兰月自愿报名到半截河乡菅庄小学支教,从此,开始了她两年的支教生活。从家里到学校,她每天要往返骑车两个多小时,行程20 多公里;无论严寒酷暑,还是刮风下雨,陶兰月从未迟到、早退过一次。今年 3 月,另一位老师要到外地听课,陶兰月二话不说,主动把那位老师的课接了过来。一连几天,白天上一天课,晚上批改作业到深夜,她不停地围着学生转。终于因劳累过度,她感到头晕目眩,老毛病贫血眩晕症犯了。同事们劝她休息,校长准假让她回家休养,可为了孩子们学习不受影响,她仍带病坚持上课。一天回到家里时,疲惫不堪的她感到眼睛像针扎一样疼痛,什么东西都看不清了。医生告诉陶兰月,因为连续熬夜,她的眼睛疲劳过度,患了严重的眼疾,如不及时治疗,会导致眼睛失明。也许是她对乡村孩子的一片爱心和对教育事业的赤诚感动了上苍,经过精心治疗,陶兰月的眼睛渐渐得到了恢复,又能自如地站到讲台上讲课了,陶兰月感到说不出的高兴。

　　面对学生作文不会选材,词语贫乏,只会抄范文的现状,陶兰月没有退却,也没有埋怨,而是从教学生学会观察入手,耐心地培养孩子们对作文的兴趣。赤日炎炎,她亲自和学生一起劳动,拔草、种树、打扫卫生,挥汗如雨,边干边教学生观察的方法。不知不觉中,她的手上打满了泡,但她没叫一声苦,没喊一句累。孩子们在亲身体验和正确方法的指导下,头一次在 40 分钟内独立完成了作文,其中姜渡舟同学的《拔草》一文还发表在《小学生作文报》上,这下大大调动了学生们写作文的积极性。

　　去年 10 月,赵蕾老师要参加区优质课评比大赛。比赛临近,赵老师几次试讲都不理想。陶兰月看在眼里,急在心里。她主动放弃星期天休息时间,帮助赵蕾老师备课,一字一句琢磨,一个环节一个环节优化。她们顾不上吃

饭,一杯茶水,一个馒头就是两个人的午餐……这样,两人一坐就是一整天。晚上回到家里,陶兰月把女儿托付给邻居,拎起饭盒就向中心医院奔去,因为她病中的婆婆还需要人照顾。每天晚上,筋疲力尽的丈夫看到妻子都没有怨言,而她病中的婆婆每次见到她都会用颤抖的手紧紧拉住她,再也不松开。一分耕耘一分收获。赵蕾的《观潮》一课获得了区、市优质课评比一等奖,赵老师还代表许昌市参加了全国启发式教学示范课评奖大赛,并获得了一等奖。

是呀,浪花奉献给大海的是一片洁白,山脉奉献给大地的是一派伟岸,支教者奉献给乡村教育的则是执着的热爱。如今陶兰月两年的支教生活虽然结束了,但她为乡村教育事业无私奉献的精神,永远留在了乡村这块朴实的土地上。

(本文发表于 2001 年 7 月 22 日《许昌日报》)

参考文献

[1] 苏霍姆林斯基. 给教师的建议（全一册）[M]. 北京:教育科学出版社,1984.

[2] 朱永新. 新教育之梦:我的教育理想[M]. 北京:人民教育出版社,2004.

[3] 魏书生. 如何做最好的校长:影响校长一生的中外教育家经典感言[M]. 南京:南京大学出版社,2010.

[4] 魏书生. 如何做最好的教师:影响教师一生的中外教育家经典感言[M]. 南京:南京大学出版社,2009.

[5] 魏书生. 教学工作漫谈（修订本）[M]. 北京:文化艺术出版社,2011.

[6] 郭元祥. 教师的 20 项修炼[M]. 上海:华东师范大学出版社,2008.

[7] 余新. 教师培训师专业修炼[M]. 北京:教育科学出版社,2012.

[8] 李镇西. 爱心与教育（修订本）[M]. 北京:文化艺术出版社,2011.

[9] 刘波. 从新手到研究型教师:我的专业成长手记[M]. 宁波:宁波出版社,2016.

[10] 吕洪波. 教师反思的方法[M]. 北京:教育科学出版社,2006.

[11] 原绿色. 瞄准终点[M]. 郑州:河南人民出版社,2008.

[12] 管建刚. 不做教书匠[M]. 福州:福建教育出版社,2007.

[13] 陈大伟. 有效教学的理念与实践[M]. 天津:天津教育出版社,2010.

[14] 吕纯志. 教师工作方法创新案例集[M]. 长春:东北师范大学出版社,2010.

[15] 周健,熊生贵. 有效上课:问题·探究·对策（小学语文）[M]. 北京:光明日报出版社,2009.

[16] 严先元. 教师怎样设计一堂好课[M]. 长春:东北师范大学出版社,2007.

[17] 蒋宗尧,汪玉珍. 评课艺术[M]. 北京:中国林业出版社,2001.

[18] 刘显国. 说课艺术[M]. 北京:中国林业出版社,2000.

[19] 祁团,丁莉莉. 学校管理的艺术[M]. 上海:华东师范大学出版社,2008.

[20] 胡雅茹. 我的第一本思维导图入门书[M]. 北京:北京时代华文书局,2014.

[21] 孙易新,梁容菁. 思维导图:快速提升写作力[M]. 北京:北京时代华文

书局,2017.

[22]张敏华.思维导图与小学语文教学[M].杭州:浙江大学出版社,2015.

[23]杨初春.实用快速作文法[M].桂林:漓江出版社,1992.

[24]杨初春.求异作文技巧[M].桂林:漓江出版社,1994.

[25]杨初春.快速作文方法运用70例[M].长沙:湖南教育出版社,1993.

[26]杨初春.小学快速作文法[M].桂林:漓江出版社,1999.

[27]杨初春.小学快速作文[M].长沙:湖南教育出版社,1999.

[28]邵荣霞.小学作文快速构思百法[M].武汉:湖北人民出版社,2004.

[29]郭文革.研课磨课的理论与实践[M].郑州:河南大学出版社,2018.

[30]中华人民共和国教育部.义务教育语文课程标准(2011年版)[M].北京:北京师范大学出版社,2012.

[31]熊华生.教育研究与实验[M].武汉:华中科技大学出版社,2004.

[32]克罗齐.美学原理[M].朱光潜,译.上海:上海人民出版社,2007.

[33]邹节华.杏坛求真[M].南宁:广西人民出版社,2008.

[34]金韩英.从优秀走向卓越:农村初中青年教师新成长模式探析[M].北京:现代教育出版社,2015.

[35]钟启泉,崔允漷,张华.为了中华民族的复兴 为了每位学生的发展:《基础教育课程改革纲要(试行)》解读[M].上海:华东师范大学出版社,2001.

[36]李瑞友.对小学语文课堂有效性教学方法的讨论[J].基础教育课程,2015(22):58,70.

[37]郝玉梅.低年级阅读教学存在的问题与对策[J].小学教学设计(小学语文),2017(1):100-102.

[38]陈克宏.核心价值观教育走到深处是融合[J].人民教育,2015(23):17-20.

[39]石中英.社会主义核心价值观教育不能是一阵风[J].人民教育,2015(23):1.

[40]王定华.把小《守则》做成大文章[J].人民教育,2015(18):19-20.

[41]陈东升.用传统素材讲好新时代的故事[J].人民教育,2015(18):21-23.

[42]冀晓萍.新《守则》撬动学校管理综合改革:本刊专访新《守则》研制专家刘长海[J].人民教育,2015(18):25-29.

[43]迟希新.推行新《守则》要做好三件事[J].人民教育,2015(18):1.

[44]张宁娟.把社会主义核心价值观教育作为学校德育新常态[J].中国德育,2015(13):10-12.

[45]梁军.建立教师专业发展的动力机制[J].中小学校长,2017(6):26-28.

[46]曹同国.择取"梯级培养"路径　引领教师专业发展[J].中小学校长,2017(9):37-39.

[47]王峰.重视教师发展自觉　促进教师专业成长[J].中小学校长,2017(2):53-55.

[48]周占忠.论教师的觉悟与修养[J].中小学校长,2017(8):9-10.

[49]潘玉秀.论新手语文教师专业成长的有效途径[J].广西教育,2014(9):4-5.

[50]李旭东.论语文教师专业成长的路径[J].语文教学与研究(教师版),2008(3):62-64.

[51]李文岩.美国教师专业成长与评价计划的新模式[J].教学与管理(理论版),2013(15):157-160.

[52]曹凤梅,周蕾,黄琳怡.过程培训促进教师专业成长的思考与实践[J].上海教育科研,2015(2):67-68.

[53]胡晓立.新教师专业成长记录袋评价管理[J].现代教育科学(中学教师),2011(3):8,49.

[54]裴雪慧,廖明福.教师成长档案袋评价对高职院校教师专业发展的作用[J].神州(下旬刊),2011(12):57.

[55]张兴述,张琰.读中赏"美":《第一场雪》的教学[J].四川教育学院学报,2002(4):31.

[56]向长征.教师姓"教"的四个内涵[J].内蒙古教育,2019(8):1.

[57]周清华.如何抵达美丽课堂的"三重境界"[N/OL].中国教育报,[2019- 04 - 24].http://www. jyb. cn/rmtzgjyb/201904/t20190424_228276. html.

[58]罗滨.在成就学生中促进自身成长[N/OL].中国教育报,[2019-04-17].http://www. jyb. cn/rmtzgjyb/201904/t20190417_225285. html.

[59]《人民教育》评论员.教书育人"大先生"[N/OL].中国教育报,[2019-11-04].http://www. jyb. cn/rmtzgjyb/201911/t20191104_271703. html.

参考文献

［60］张竹林."教师的教师"要具备四种能力［N/OL］.中国教育报,［2019-12-04］.http://www.jyb.cn/rmtzgjyb/201912/t20191204_279192.html.

［61］杨银付.想改革要质量［N/OL］.中国教育报,［2020-01-08］.http://www.jyb.cn/rmtzgjyb/202001/t20200108_286857.html.

［62］汤赛南.好师德　好老师　好教育　好世界［N/OL］.中国教育报,［2020-01-17］.http://www.jyb.cn/rmtzgjyb/202001/t20200117_288513.html.

后 记

1986 年,我从漯河师范毕业,被分配到郾城县孟庙镇第一中学任教。报到前,父亲对我说:"当教师是个良心活儿,你要好好干!"当时,我对于父亲这句话也没有太在意。这些年来,随着年龄的增长,我时常回忆起已经去世多年的父亲,回忆起当年父亲对我的谆谆教诲。父亲的话一直激励着我、鞭策着我、陪伴着我,让我不敢懈怠。如今,我已经在教育教学这片沃土中坚守、耕耘了 35 个春秋。

我喜欢和学生在一起,喜欢校园,喜欢教师这个职业。多年来,我一心扑在工作上,用热心、爱心、耐心对待学生、老师和课堂,用踏实、勤奋、专注致力于教育教学教研工作。有人说我干啥事儿都"太认真",这样的评价或许有认可,或许有不屑,但都改变不了我的初心和坚守。我始终认为,干好教育工作是一个教师法定的职责和义务,是良心和本分。教育是党之大计、国之大计,教育的根本是立德树人。虽然我个人所起的作用微乎其微,但对于所教的学生来说,如果因为我的某一句话受到了启发、产生了前进的动力,或者化解了一个心结,改变了对人生的看法……我就很欣慰,很知足了。

教师专业成长是教师的一项终身修炼,需要持续不断地学习和实践,教育教学教研是教师专业成长的基本路径。

回顾自己多年来专业成长的历程,虽然酸甜苦辣、困难不少,但我收获更多的是欢声笑语、快乐幸福。在许昌市大同街小学的九年中,我不怕辛苦劳累,积极参与魏都区"目标教学"研讨,尝试"小学快速作文"教学与研究,带动本年级组成员持续进行"分阶段抓环节快速练"训练,总结出了 20 种快速作文方法。在许昌市郊半截河乡菅庄小学两年支教期间,我代表支教学校参加校级、乡级观摩交流,指导学生在《小学生学习报》《作文指导报》发表习作 50 多篇,激发了学生写作文的兴趣。

为了更好地指导教师业务成长,我主动参与新课程改革,上好示范课、优质课,组织参与听课评,一学期多达 120 节;编印了《启明星报》《七彩校园》《兴华苑》等校报。先后被评为魏都区骨干教师、魏都区教育教学专家、许昌市优秀教师、许昌市名师、河南省骨干教师。2009 年 8 月 ~2016 年 8 月,我先后担任许昌市兴华路小学校长、许昌市建设路小学校长,被评为河南省名师。岗位虽然发生了变化,但执着于教师专业成长的心仍在坚守,我

带领教师开展诗化校园、足球特色等省级课题研究,带领教师编写校本教材、教学与德育专刊、《许昌晨报》小记者专版和探讨"351"教学模式,引领学校发展。2016年9月至今,担任许昌市教师进修学校校长助理,负责教师培训、名师工作室工作。为进一步提升教师培训实效性,培训前组织人员开展需求调研,针对需求科学安排课程内容;培训中坚持跟班听课,了解培训实效;培训后期对学员的收获、建议进行归纳、整理,编印成册,方便交流学习。

有老师和朋友见我太辛苦,就好心劝我:"差不多就行了,何必那么认真呢?"我也多次劝过自己,试着学会"差不多",可是一遇到工作就身不由己,总是自己就过不了自己这一关。父亲当年的话已经在我脑海里深深扎下了根,注定了我一辈子与教育的缘分,成了我工作的一个习惯和信条。这也许就是我会对教育有一种特殊感情的缘由,也是自己30多年来始终坚守教育初心的一种情怀支撑吧!

近三年来,我利用双休日和晚上静下心坐下来看书、写东西,对自己30多年来的教育教学教研实践与体会、收获与思考做了一次回头看。

本书共包括四部分内容,《课堂实践与方法》分别从自己讲过的30多节公开课中,选取了古诗、写人、记事、写景、说明文各一篇为代表,以"课例+反思+评析"的形式反映教师的教路,学生的学路,凸显"教学目标"在课堂教学中的方向引领作用。注重"学法"提炼,无论是"三读"法、品读法,还是多媒体教学法,目的都是培养学生的听、说、读、写能力。教案部分是在原教案的基础上,通过对当时课堂情景的回忆,对照统编教材的特点和学科核心素养等内容进行补充重新整理而成,目的是为了更好地体现新时代教育教学目标和要求。

《教学研究与感悟》收录了我多年来围绕教育教学教研实践撰写的部分论文,也有课题研究的部分成果,是对教育教学教研的思考与探索。

《学校管理与提升》是为校刊、校报或校本教材等所写的创刊语或卷首语。通过搭建教师专业成长平台,引导教师树牢立德树人、教书育人思想,以教师专业成长促进学校管理。无论是校刊,还是名师工作室管理评价,目的都是为了教师专业发展。

《教师培训与成效》是我在教师培训、教研过程中的学习、实践与反思的心路历程。目的只有一个,努力为教师服务,为教师加油鼓劲。

在诸位领导、同行和家人的鼓励、帮助、支持下,本书终于与读者见面了,实现了我多年来的一个心愿,也圆了我少年立志写书的梦想。在此,特

别感谢白中兴校长在百忙之中挤出时间阅读书稿并作序,使本书增色不少。衷心感谢河南省基础教研室课题办主任杨伟东;许昌市普通教育教学教研室吕蔚屏老师、赵晓蕾老师;魏都区教体局局长贾治国,原局长宋云峰、刘建涛,副局长李清明、张殿、刘玉萍;魏都区科技和工业信息化局局长刘中锋;魏都区教育体育局副局长刘俊彦、张建军;许昌市教师进修学校党支部书记张自文;许昌市健康路小学校长杨聪敏、原校长邢爱琴;许昌市文化街小学校长李旭;魏都区教育教学研究室主任牛凤仙、原主任胡德田,陈喜玲老师、李喜花老师;许昌市教师进修学校汪少华老师、李荣花老师、刘彩霞老师;魏都区所属小学的李玉亭、吉莉、宋明娟、朱银花、李丛梅、李华、卢艳华等老师;许昌市文峰路小学校长魏建立;永城市教师进修学校丁莉老师。由于本人能力、水平有限,书中难免有不妥和疏漏的地方,真诚地希望读者提出批评意见。

陶兰月
2020 年 2 月 26 日于河南许昌